Seadove

Seadove

LordChesterfield

暢銷全球200年的經典之作！

英國上流人士都在讀的

Lord Chesterfield
切斯特菲爾 伯爵/著

望海/譯

伯爵家書：外交官爸爸寫給兒子的80封信

氣質，是你現在欠缺的價值

歐美國家最受推崇的紳士指南！
美國國會圖書館／《牛津世界經典》推薦必讀！

28個國家的校長協會共同推薦

有史以來，最受推崇的家書
讓人脫胎換骨的道德和禮儀全書

「切斯特菲爾以他在上層社會服務的經歷以及高貴的語言，
向我們傳授如何在社會上像紳士一樣行事的技巧。」
——美國前總統 比爾·科林頓

序言

18世紀中期，切斯特菲爾德伯爵歷任英國愛爾蘭總督和國務大臣等要職，雖然在政治上成績斐然，但是他可以被後人記住的，卻不是他的政治成就，而是他給兒子菲利普・斯坦霍普留下的書信。他寫給兒子的信如此率直而純真，充滿父愛和坦誠。從這些信件中，可以看出伯爵對兒子心靈成長的諄諄教導，他的許多忠告，直到今天仍然被視為真知灼見。

在一個人的成長道路上，心靈的修煉尤其重要。每個人都想擁有一個成功的人生，但是成功主要取決於心靈的成長程度。一個人如果不注重自己心靈的成長，最後就會迷失自己，不要說成功，甚至最起碼的自我「存在」也無法維繫。

人生就像一本書，一個人遇到的其實多數是挫折和失敗，怎樣面對挫折和失敗，怎樣讓心靈健康成長，是家庭和學校應該特別關注的課題，也是孩子取得成功的重要因素。

本書從切斯特菲爾德伯爵寫給兒子的信中精選80封編輯而成，選入的每一封信都展現伯爵深刻的生活智慧。本書談到的學習、禮儀、處世、成功等話題，都是現在年輕人關注的話題，也是家長們教育孩子的關鍵。書中凝結的都是年輕人步入社會和走向成功必須學會的人生哲理，正如伯爵在信中對兒子說：「這是你初涉世道和踏入社會必須掌握的一些秘密。我希望自己在

你這個年紀的時候，就懂得這些道理和準則。我付出三倍的代價，花費五十年的時間，才得到這些人生的真諦。在此，我毫不吝惜地將它傳授給你，希望你從中獲得啟示和教益。」

在當時那個年代，本書曾經以手抄本形式在歐洲貴族階層中廣為流傳，被視為「一部可以使孩子步入高貴和脫胎換骨的神奇家書」。如今，伯爵的時代已經離我們遠去，但是書中所表現的人生智慧，卻仍然對人們大有裨益。

CONTENTS

目錄

序言

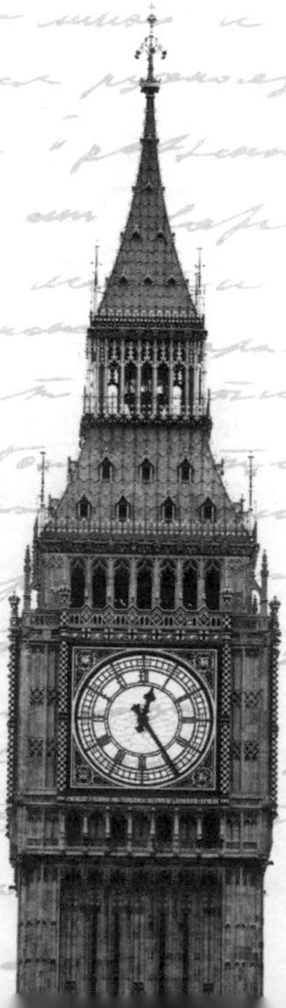

LordChesterfield

第1封信：人生容不得怠慢

年輕人正處於靈活敏捷的處世階段，應該胸懷大志，勇於進取，出類拔萃，警醒活躍，堅定不移地追求理想。就像凱撒說的那樣：「要麼不做，要做就做到最好。」如果你想要出人頭地，沒有強烈的願望，不投入大量的精力，不經歷必要的困苦，是不可能成功的。當然，你也無法體驗到成功帶來的滿足感。

親愛的孩子：

從德國到瑞士的途中，我知道你吃了不少苦。你睡過稻草堆，啃過黑麵包，搭乘破舊的馬車。其實這些都不算什麼，它們只是你的人生旅途中要經歷的必要而適當的困難，而不是真正的疲勞和痛苦。因為在以後的人生旅途中，等待你的將是更大更困難的考驗。現在我可以告訴你的是：如果你想要提升自己，就要學會理解這些考驗，不應該耿耿於懷。

在人生的旅途中，「理解」就是載著你前行的馬車，決定你的旅途是否順暢。由於在旅途中，你會遇上一些糟糕的路程和一些糟糕的驛站。因此，你要經常檢修這輛至關重要的馬車，不斷提升它的性能。這是你可以做到的，也是每個人都應該做到的，否則遲早會自食惡果。

孩子，有一點你已經深刻地體會到，那就是：我對你的關愛，不同於其他父母對自己孩子的溺愛。我認為，身為你的父親，我有對你嚴格要求的責任。因此，如果我發現你有什麼缺點，絕對不會視而不見。相反的，我還會對你提出更高的要求，我想這是我的一種義務。相對地，你也應該明白自己的責任和義務，那就是：努力改正我指出的缺點，你說對嗎？

令我感到欣慰的是：仔細地審查你，還沒有發現你有什麼糟糕透頂的缺點或毛病。但是據我所知，你最近經常在一些聚會場合，「讓人難以容忍」地失神和注意力分散。我認為，這是「漫不經心」與「心不在焉」的表現。

這樣的問題出現在老年人身上，是完全可以理解的。因為他們的體力和精力已經衰退，只求平安度過餘生。但是，對於像你這樣正處於朝陽階段的年輕人來說，是無法原諒的。因為年輕人正處於靈活敏捷的處世階段，應該胸懷大志，勇於進取，出類拔萃，警醒活躍，堅定不移地追求理想。就像凱撒說的那樣：「要麼不做，要做就做到最好。」

如果你想要出人頭地，沒有強烈的願望，不投入大量的精力，不經歷必要的困苦，是不可能成功的。當然，你也無法體驗到成功帶來的滿足感。毫無疑問，這適用於做任何事情，但是寫詩歌可能例外。我也相信，任何一個不是傻子的人，只要接受一定的教育，加上自身的專注和努力，都可以做出很多出類拔萃的事情，可是對能否成為優秀的詩人例外。

我想，你一定有自己將來想要做的事情，不管這些事情是關於哪個方面，你現在首先要做的就是努力增加自己的知識，努力掌握世界各國的經濟狀態和歷史習俗，瞭解國家與國家之間的利害關係。在這些方面，任何一個理智的人，只要加以適當的努力，都可以做得相當出色，不需要具備與眾不同的天賦或是創新能力。

對於古代史和現代史而言，你只要用心學習，很快就可以掌握，地理學和年代學也是一樣；對於口才和書面表達能力，你只要仔細閱讀名家的經典作品，注意觀察現實生活中的例子，就可以得到提升。這些都是你在公務還沒有纏身之前非做不可的事情，對你未來的事業也非常必要。只要你願意，就可以掌握它們。如果你還沒有掌握它們，老實說，我會非常生氣。因為一切都是易如反掌，你卻沒有做到，這就是你的問題。

全心投入所做的事情中，再加上適當的訓練，是掌握這些知識的必要條件。不透過這樣的途徑，就無法在這個世界上嶄露頭角，甚至出人頭地。而

且與你能否在社會上過得舒服而愜意，能否取得其他成就有密切關係。實際上，只要你覺得值得自己做的事情，就應該把它做好。即使是學習例如跳舞和穿著這樣相對來說不是十分重要的事情，也要全心投入。

社會習俗會要求你在某些場合跳上一曲，所以你要記住，在你學習跳舞的時候應該全心投入，不應該當作兒戲，或是勉強應付，即使有時候動作看起來有些可笑。穿著也是一樣。每個人都要穿衣打扮，對於穿著，你一定要講究。不要穿得像一個花花公子，要盡量避免穿奇裝異服，以免惹來嘲笑。你要隨時記住，衣著是和自己的年齡和身分以及出席的場合相配的，既不要太過疏忽，也不要太過刻意。

所謂「心不在焉的人」，通常是指那些意志不堅定或是故作姿態的人。我可以斷言，這種人不會受到其他人歡迎，他們不懂得社交的基本禮節。他們在昨天的宴會、舞會、酒吧或是其他地方對你表現得親切和藹，今天見到你卻是形同陌路。更有甚者，大家在聊天的時候，他一句話也插不進來，但是他卻會突然想到一件事情，然後將這件與聊天話題根本無關的事情插進來，好像剛從夢中醒來一樣。很明顯，這種人要麼無法集中精神，無法注意周邊情況；要麼過於故作姿態，只能專注於大局，卻忽視細節。

除此之外，還有另一種可能的原因，例如：牛頓、洛克（也許還有幾個人），這些對世界發展做出巨大貢獻的偉人，由於需要全神貫注地投入所從事的研究工作中，因此難免會忽略一些生活中的細節。這完全可以理解。但是年輕人或是沒有從事偉大事業的普通人，沒有理由心不在焉，故作姿態也只會讓人厭惡，逐漸被人疏遠和孤立。

當你身處某個群體時，無論你覺得周圍的人有多麼卑微，都不要讓人看出你心不在焉，最好和這些人保持相同的步調，在某種程度上忍受他們的缺點，不要流露出你對他們的輕視。輕視是最讓人難以接受的。人們會很快忘記肉體上的傷害，卻會永遠記住精神上的侮辱。

因此，如果你想要取悅別人而不是冒犯別人，你想要得到別人的稱讚

而不是別人的指責，你想要被愛護而不是被憎恨，請記住，經常對人表示關心，以此滿足他們的虛榮心。如果你傷害他們的自尊心，在大多數情況下，會讓他們心情不愉快，甚至惹來怨恨。每個人都有自己的缺點，都有自己的好惡，如果你嘲笑一個討厭貓或是乳酪的人（這種人很多），他會覺得你侮辱他；你知道他不喜歡貓或是乳酪，還讓貓跑到他眼前，或是把乳酪擺在他面前，他會嚴重地認為受到你的輕視，他都會銘記在心。反之，不管你是盡力幫助他得到喜歡的東西，還是消除他討厭的東西，表現你對他的關心，滿足他的虛榮心，你就會和他成為朋友，這樣比費盡心機招待他更管用！對於女士，關心更是不可缺少。

再見！

1746年10月9日

於巴斯

第2封信：黃金也需要打磨

美德和學問就像黃金，如果不經過打磨，會讓其內在價值大打折扣，甚至比不上被擦亮的黃銅。事實也確實如此，人們更樂意接受一位表面上看起來開朗樂觀和教養良好的人，也不願意接受一位擁有高深學識和必要常識卻缺乏教養而看起來悲觀的人。因為良好的修養和文雅的舉止，在一定程度上可以彌補學識的不足和知識的匱乏。

親愛的孩子：

你要明白，你做的每件事情對我的影響都很大。現在，我正被兩封高度評價你的信所感動。對此，我認為有必要告訴你，讓你知道自己取得進步。因為這不僅是一種表揚，更是一種鼓勵，可以促使你繼續追求高尚的品格。

透過這兩封信，我瞭解到：你的舉止優雅，不像其他很多英國人那樣膽怯與浮躁（你以前確實存在這樣的缺點）。我還瞭解到：你可以嚴格要求自己，表現非常良好的教養。

我已經不止一次地告訴你，具備讓人愉悅的禮貌、平易近人的修養、文雅的談吐舉止等品格，可以讓一個人在社交場合製造很大的影響力（遠遠超過人們的想像），在英國尤其如此。

美德和學問就像黃金，如果不經過打磨，會讓其內在價值大打折扣，甚至比不上被擦亮的黃銅。事實也確實如此，人們更樂意接受一位表面上看起來開朗樂觀和教養良好的人，也不願意接受一位擁有高深學識和必要常識卻缺乏教養而看起來悲觀的人。因為良好的修養和文雅的舉止，在一定程度上可以彌補學識的不足和知識的匱乏，許多法國人就是這麼做的。

我經常這麼說，也確實這麼認為，一位兼具品德、學識、智慧以及優雅舉止和修養的人，將是世界上最完美的人。我相信你一定會朝這個方面來努力，並且最終肯定可以達到。因為我會隨時給你這個方面的忠告來提醒你，況且你已經知道美德的真諦。所以，只要你可以嚴格要求自己，並且聽從我的忠告，就可以擁有這些優良品格。孩子，你要記住，美德是一種信仰，沒有信仰，就沒有美德。沒有美德的人是可悲的。

　　希望你可以受到更多的此類讚美，也希望我對你的關心可以給你帶來快樂。

　　再見！

　　1747年3月6日

　　於倫敦

第3封信：享受真正的快樂

　　一個真正懂得時尚和快樂的人，必定會遵守禮節，不會讓自己染上惡習。如果不幸染上，也會根據時間和場合適度地滿足自己，盡量不招人耳目。

　　親愛的孩子：

　　大多數年輕人都在追求快樂的過程中遭遇打擊，他們揚帆起航去尋求快樂，但是由於沒有指引方向的指南針，或是目標不明確，不知道應該駛向何方，所以收穫的往往是痛苦和懊惱，而不是他們想要的快樂。

　　請不要以為我會像禁欲主義者那樣大聲譴責快樂，或是會像牧師那樣勸導你放棄快樂。相反的，我會像享樂主義者那樣，把快樂介紹給你，希望你盡情享受快樂，但是不要沉湎其中。

　　喜歡玩樂是年輕人的特點，然而你們經常只是盲目地追隨同伴的喜好，而不是根據自己的興趣和愛好做出選擇。那些所謂的快樂之人，只是一些喝得醉醺醺的酒鬼和自甘墮落的嫖客，或是滿口胡話的人。

　　雖然有些羞愧，我還是很想對你講述我的親身經歷，也許會對你有所幫助。我年輕的時候也喜愛玩樂，經常聽到別人說什麼好玩就想要試試，從來不知道應該依據自己的愛好來做出判斷。例如：我天生就討厭喝酒，每次喝酒都會嘔吐，第二天還會大病一場。但是那個時候我還是經常喝酒，因為我當時相信喝酒是一個優秀的紳士或是快樂的人的必要條件。

　　我對於賭博的態度也是如此。我不缺錢花，沒有必要為了錢而賭博，可是我當時竟然認為賭博是成為一個快樂之人的必要條件。所以，雖然剛開始

我不喜歡賭博，可是在我人生最輝煌的30年裡，我幾乎不曾完全離開賭桌，浪費許多人生真正的快樂時光，現在想起來，我依然深感不安。

還有一段時間，我竟然荒唐地模仿自己仰慕和崇敬之人的言行。值得慶幸的是：我很快就意識到，這種行為既不得體也不道德，於是立刻就改掉。

回想我的青年時代，我覺得自己當初就像罹患某種流行性疾病，毫無來由地就沉迷於遊手好閒之中。當然，我也為此付出慘重代價。每天無所事事地遊樂，使自己變得麻木，無法享受真正的幸福快樂；花錢如流水，財富銳減；自己不懂得愛惜身體，健康狀況每況愈下。現在想想，這是我罪有應得。

孩子，你一定要引以為戒。你要牢牢地記住：選擇適合自己的娛樂方式，有自己的主見，不要盲從；按照自然的法則，不要受到流行的影響；思考現在的娛樂方式帶給你的各種後果，然後理智地做出你的選擇。這樣一來，什麼可以繼續，什麼必須停止，就會徹底瞭解。

如果我可以重新活一次，按照我的經驗，我絕對不會沉迷於表面的浮華，而是會選擇一種真正快樂的生活。我會非常享受珍饈美味給我帶來的快樂，但是盡量避免大吃大喝帶來的痛苦。我不會在二十幾歲的時候，就像牧師那樣宣揚節制和穩重的必要性，別人喜歡做什麼就做什麼，我不會為此而斥責他們。可是我會特別注意避免因為過度玩樂而損傷自己的身體，還會規勸那些對自己身體不負責任的朋友。

我會玩牌，但是不會讓自己沉湎其中，而是要讓其帶給我快樂。我只拿一些錢就可以和其他人打成一片，享受其中的樂趣，同時也尊重社會風俗，我也會注意不讓自己因為賭錢而玩牌。如果賭博，我贏錢當然好，要是我輸錢，就要面臨還錢的困境，就會動用我計畫花費在其他方面的錢。再說，賭桌上經常會發生爭執。

我會花一些時間讀書，多接觸一些知識淵博而有見識的人，尤其是那些比我優秀的人。我也會經常跟一些時尚男女交往，即使他們顯得很輕浮，卻

不是一無是處。他們思維活躍，精神煥發，還懂得很多社交禮儀，對自己會有很大幫助。

　　如果可以回到從前，人生可以重來，我一定要按照自己現在所說的來進行娛樂，我深信用這樣的方式才可以真正獲得我想要的樂趣。你仔細想想，難道上流的社交圈可以接納一個每天喝得醉醺醺的酒鬼？或是接受一個負債累累而牢騷滿腹的賭徒？或是接納一個言語粗俗而聲名狼藉的嫖客？答案必然是否定的。真的這麼做的人，或是吹噓自己這麼做的人，絕對不可能在任何上流社交圈中待下去。如果想要待下去，即使他們真的做過，也不會承認。

　　一個真正懂得時尚和快樂的人，必定會遵守禮節，不會讓自己染上惡習。如果不幸染上，也會根據時間和場合適度地滿足自己，盡量不招人耳目。

　　孩子，在這封信裡，我沒有告訴你那種發自內心的愉悅，那才是真正而永恆的快樂！它不同於人們理解的感官快樂，而是由美德和學習帶來的愉悅，這也是我希望你可以好好理解的。

　　再見！

　　1747年3月27日

　　於倫敦

第4封信：一次只癡迷於一件事情

不管是學習還是娛樂，或是與別人相處，都應該全神貫注和全心全意，除了正在做的事情，其他什麼都不要想。

親愛的孩子：

幾天以前，我收到一封信。透過這封信，我知道你學習非常認真，態度十分積極，我還知道你的理解力和領悟力也增強不少。對於你取得如此大的進步，我真是感到非常高興。我相信，如果你可以堅持下去，以後的學習會變得更輕鬆愉快。我也相信，只要你越努力學習，越可以從中得到更多的樂趣。然而，我還是想要藉由這封信，給你提出一些建議。

孩子，你應該還記得，之前我不止一次地告訴你，做事切忌分心，在一段時間內要全心全意地做好一件事情。你千萬不要以為，我總是對你說這樣的話，是為了讓你把所有時間用來專心地學習，我絕對沒有這樣的意思。我只是想要告訴你，不管是學習還是娛樂，或是與別人相處，都應該全神貫注和全心全意，除了正在做的事情，其他什麼都不要想。這一點非常重要，因為人類無法一心二用。

例如：一個正在參加舞會或宴會或是其他社交活動的人，總是想著如何解決歐幾里得的數學難題或是其他事情，他絕對會失神而答非所問，無法融入活動中，就會給別人留下不好的印象，沒有人願意和他交流。同樣的道理，如果一個人正在鑽研歐幾里得的數學難題，卻總是想著梅呂哀小步舞曲（源於17世紀的法國，一種緩慢而莊重的四三拍舞蹈，需要一群舞蹈者結伴而跳），他絕對不會有所突破，更無法成為一個出色的數學家。不管別人怎

麼認為，至少我認為是這樣。

　　雖然我一再強調在同一時間只能做一件事情，但是如果在一天之中時間充裕，也可以分別做幾件事情。這與我強調的觀點不衝突，前提是這幾件事情要分開做。如果你把幾件事情放在同一時間做，不要說是一天，即使是一年，也難以取得令人滿意的結果。

　　已故的德威特先生是著名的法律顧問，外交涉及的國事問題都是由他處理的。他不僅將這些繁瑣的事情處理得很妥當，而且他還有時間參加一些聚會，或是與其他人共進晚餐。他到底是怎麼安排自己的時間？德威特先生怡然自得地說：「這一切其實非常簡單，只是一次只做一件事情，今日事今日畢而已。」

　　德威特先生真正做到集中精神於一件事情上，使得他可以不被其他事情干擾，這就是他比別人優秀的地方。或許就是因為他擁有這項能力，才會有今天的成就吧！相反的，一個凡事定不下心的人，往往做事匆忙，這種人絕對會一無所獲。

　　所以，當你閱讀賀拉斯（古羅馬詩人和批評家，其美學思想見於寫給皮索父子的詩體長信《詩藝》）的詩句時，應該注意的是正面的思想意義、優美的措辭、字裡行間所展現的情境，不應該考慮普芬多夫（德國法學家，近代啟蒙運動思想代表，1661年在德國海德堡大學開設自然法和國際法講座，1670年～1677年在瑞典隆德大學任教）的作品。當你閱讀普芬多夫的作品時，不要去想傑曼夫人。當你和傑曼夫人聊天的時候，就應該把普芬多夫拋在腦後。

　　此外，我還要提醒你的是：一個只知道每天嘆息「我今天幾乎沒有做什麼事情」的人，也不會取得偉大的成就。

　　再見！

　　1747年4月14日

　　於倫敦

第5封信：多交朋友少樹敵

根據我長年累積的經驗來看，一個擁有最多朋友和最少敵人的人，才是真正的強者。這種人很少會遭人嫉妒與憎恨，比其他人更容易取得成功。即使他處於不順利的境地，也可以獲得眾人的同情。

親愛的孩子：

我們都知道，沒有人可以得到世界上所有人的愛，每個人都有敵人。但是透過努力，就可以獲得比較多人的愛，所以我寫這封信給你。

根據我長年累積的經驗來看，一個擁有最多朋友和最少敵人的人，才是真正的強者。這種人很少會遭人嫉妒與憎恨，比其他人更容易取得成功。即使他處於不順利的境地，也可以獲得眾人的同情。

你聽過奧蒙德公爵的故事嗎？他可謂全國最負眾望的人物。他雖然頭腦不算聰明，但是禮儀得體，當今無人能出其右。他性格直爽、待人和氣、心思細膩，完全彌補他並非優秀的思維能力上的缺憾，使他在社會上獲得至高無上的評價，備受眾人愛戴。

一個受人推崇的人所享有的聲望，無法合理而且準確地計量，他享有眾人的愛戴與善意。這裡所說的「眾人」的範圍非常廣泛，是指與眾人保持關係，透過交往讓對方感到歡喜，讓自己獲取更多的愛戴與善意，不僅僅局限於沒有利害衝突的人之間。

如何贏得眾人的愛戴與善意？

努力是唯一的方法，這個世界上不存在不勞而獲的人。只有堅持不懈地努力，才可以獲得擁有更多朋友和更少敵人的方法。

我如今已過不惑之年，如果時光可以倒流，我願意用人生大部分的時間和精力去求取更多人的愛。孩子，你千萬不要重蹈我的覆轍，只專心於求得自己喜歡的人的喜歡，而不顧及其他人。

　　一個人取得成功的最堅強後盾，就是處在眾人溫暖的懷抱中，獲取盡可能多的人的好感。但是，有些能力很強的人經常對自己鍾情的人判斷失誤，因為說出不得體的話，做出不合分寸的事情，進而激怒其他人，使自己陷入不知何去何從的迷惘中。

　　人望是人類最弱的一環，擁有德高望重者的支持，成功的可能性就比較大，機率也比較高。培養人望的手段並不困難，只要將自己優雅的身段、真誠的目光、細膩的心思，以及對方喜愛的言詞、氣氛、服裝集於一身，就可以捕捉對方的心思。

　　有一些女士外貌美豔，卻無法吸引我的目光，這是因為彼此的觀念有差距。在這個世界上，確實存在許多無法讓人喜歡的人。你對這些人不受歡迎的原因也非常瞭解，那就是：他們對自己的美貌和能力過於自信，進而怠於學習捕捉人心的方法。

　　我曾經和一位不算漂亮的女士談戀愛，她的氣質高雅，可以洞察人心，並且牢牢地掌握許多取悅別人的方法。在我的一生中，只有和這種類型的女士談戀愛，才可以感受到真正的幸福。

　　再見！

第6封信：堅定而得體地拒絕別人

即使你非常厭惡某個人的惡行，也不必敵視他，否則事情將會變得不可收拾。明智的做法是：即使不想與之交往，也不要令他產生敵對態度。對於這種人，我一般都是選擇非敵非友的中立態度，這樣才是安全的。

親愛的孩子：

在你收到這封信時，大概已經結束威尼斯的狂歡而來到杜林，我希望你可以重新埋頭於對功課的準備中，以及必要的社交上。這樣不僅有助於你增添學識，而且還可以讓你獲取書本上無法學到的知識，對你的求學過程很有幫助。

我想要告訴你的是：我現在對你還是擔心不已，擔心你交的朋友、擔心你的學業、擔心你的成長，而且有些問題，我想到就會坐立難安。這是因為我聽說有許多風度不佳的英國人在杜林的職業學校求學，我還聽說他們成群結黨，逞凶鬥狠，行為粗野無禮，顯露他們心胸的狹隘。我害怕你受到他們的影響，害怕他們誘使你加入他們。我知道你是一個聰明人，不會像他們這樣。但是，如果你執意不肯與他們同流合汙，他們就會不斷對你施壓，甚至還會使出陰謀詭計。對處於你這種年齡階層的年輕人來說，遇到這種情況難免會經驗不足，勢必會讓你無法承受巨大壓力，最終無法拒絕他們強迫式的勸誘。所以，我要求你一定要潔身自愛，不要與他們同流合汙，堅決抵抗這些不良影響，認真地完成學業。我可以肯定地告訴你，從這些人身上，你不會獲得任何有益於自己發展的知識和禮儀，因為他們就是一個從事卑劣勾當與社會道德作對的危險團體。所以，你千萬不要和這些人來往，更不要與他

們以朋友相稱。

　　一般說來，年輕人對於「不」字，總是難以啟齒，好像「不」字如果出口，就會有失身價，而且還會讓朋友不高興，彼此之間變得尷尬。這種考慮本身是正確的，迎合別人的要求，試圖取悅別人，並不是什麼壞事，但是對方是好人才可以。因為只有對方是好人，才會獲得良好的結果，否則就會被對方牽制，進而產生不良的後果。所以，你要隨時提醒自己，不要模仿別人的缺點，使自己染上更多惡習。在我看來，最可恥和最不能原諒的就是感染惡習。

　　這些無理粗俗的人究竟是誰，我並不清楚，也不想知道，但是我知道他們過著一種放蕩的生活。這樣的生活，不僅糟蹋自己的身體，而且還會敗壞品性，使他們聲名狼藉。他們喜歡暴飲暴食，經常喝醉酒，導致自己醜態百出；他們喜歡沒有節制地賭博，而不是娛樂；他們在國外劣跡昭著，回國以後依然如此……

　　對於他們的劣行，我就不再喋喋不休，因為我知道你對這種教育方式不是很感興趣。你就把我當作你的朋友，把我的忠告看作是你在向一位有豐富人生閱歷的人請教如何處理這類問題。

　　我現在要說的是：希望你可以憑藉自己的理性和判斷力，抵制那些染有惡習的年輕人對你的教唆和引誘。此外，當他們對你威逼利誘時，你要堅定而得體地拒絕他們，切忌過於冷淡，以致樹立敵人。即使你非常厭惡某個人的惡行，也不必敵視他，否則事情將會變得不可收拾。明智的做法是：即使不想與之交往，也不要令他產生敵對態度。對於這種人，我一般都是選擇非敵非友的中立態度，這樣才是安全的。

　　再見！

第7封信：努力提高洞察力

深入瞭解一個人，不是一件容易的事情，任何人都不可能透過簡單描述就可以做到。但是具有洞察力的人，只要用心去做，親自接觸一個人，就可以注意到這個人的缺點和虛榮心，這些就是深入瞭解這個人的關鍵。

親愛的孩子：

我已經收到你寄來的風景畫，仔細觀察以後，我發現你確實畫得不錯。你把瑞士的很多地方都維妙維肖地呈現在畫面上，讓人產生前往一觀的衝動。看得出來，這是你用心觀察的結果，讓我感到非常高興，但是我希望你畫的肖像畫也可以這麼優美。你要明白，與風景相比，肖像畫是一門品味更高的藝術，它可以提高一個人的洞察力（我所說的洞察力，並不是指對人物外表輪廓與色彩的觀察，而是指洞悉人們內心與思想的能力）。因為想要畫好肖像畫，你需要極為用心地觀察所要描繪的對象的性格，努力瞭解他們當時的情緒，甚至他們有什麼缺點，在哪些方面比較虛榮。這些行為無論對錯，無論明智與否，都是將我們區分為各種不同個體的主要因素。此外，你還可以經常觀察不同的人繪製的同一個人的肖像畫，沒有比這樣更有用的學習觀察方法。

深入瞭解一個人，不是一件容易的事情，任何人都不可能透過簡單描述就可以做到。但是具有洞察力的人，只要用心去做，親自接觸一個人，就可以注意到這個人的缺點和虛榮心，這些就是深入瞭解這個人的關鍵。一個每天待在家中的人，即使可以把某位名人的基本資訊和人生故事說得頭頭是道，卻依然對這位名人缺乏感性的認識和理解。

此外，我還要告訴你的是：提高一個人的洞察力的最好地方，就是首都和軍營。因為那裡匯集來自世界各地的人，他們由於教育背景、成長環境、個人習慣的不同，在性格和言談舉止方面存在明顯的差異。所以，在這兩個地方，你可以接觸到各種各樣的人。生活在其他地方（人口流動不是很大的地方）的人，總會存在一種比較普遍的生活方式，人們的性格雖然不是千篇一律，但是也不會相差太大。例如：在同一所大學生活的人，會有一種相近的性情；在商業城市和海濱小鎮生活的人，也有各自的風格。「一方水土養活一方人」，說的就是這個道理。

　　從本質上說，人們的性格是相同的，或性善或性惡，但是由於後天的教育和所在地的習俗與生活方式的不同，進而呈現各種各樣的形式。想要看透人性，就要去領略各種表現方式。例如：不管是牧師還是士兵，或是郵差，他們都有自己的理想，但是由於不同的教育和行為習慣，他們追求理想的方式也會迥然不同。同樣的道理，雖然每個國家都強調禮節，但是每個國家甚至每個地方，其禮節形式會千差萬別，都有各自的評判標準。所以，真正聰明的人懂得入境隨俗，及時調整自己的禮節行為，與當地一致。

　　再見！

1747年10月2日

於倫敦

第8封信：友誼是人生最寶貴的財富

那些欣賞我們、幫助我們建立自信、提攜我們成功的人，就是我們人生中最大的財富。

親愛的孩子：

我想要藉由這封信，和你談論我對友誼的見解。

在我看來，真正的友誼可以給人帶來激勵、幫助、快樂。正如古羅馬政治家和哲學家西塞羅所說：「如果生活中缺少友誼，就像世界失去太陽，因為太陽是上帝賜予我們最好的禮物，友誼可以給我們帶來最大的快樂。」

所謂真正的友誼，就是真正的朋友之間那種微妙的情誼。它可以讓人與人之間得到最大的諒解，可以讓人類的情感之花更燦爛，是人生最珍貴的典藏品，是每個人一生的寶貴財富。

每個人都期待得到真正的友誼，因為一帆風順的時候，人們需要它來點綴和襯托；憂愁的時候，人們需要它來排憂；遇到困難的時候，人們需要它帶來前進的力量；成功的時候，人們需要它帶來衷心的祝福；孤獨的時候，人們需要它伸出熱情友愛之手……

在人們的一生中，友誼的影響是不可磨滅的，有時候甚至可以改變一個人的命運。著名的哲學家西里斯博士曾經說：「友誼可以改變一個人的命運。當年輕人忽視他身邊的朋友時，其成功的機會就會大打折扣。」一個人的性格也會受到友誼的影響，因為不管是朋友的優良品格，還是朋友的劣質品格，都會對一個人產生影響。

對大多數人來說，良師益友對自己的幫助，可以讓自己的人生產生轉

變。一個苦於學習成績一般的學生，在具有敏銳洞察力的老師精心調教下，會很快從沮喪情緒中走出來，進而脫穎而出。對於這樣的學生，良師可以在他身上發現別人無法發現的優點，這些優點可能連學生自己也不曾意識到。在平時表現得相當聰明的人，在關鍵時刻也可能犯錯。如果可以得到益友的提醒，就可以使其認清方向，進而正確決策。

可見，良師益友對人們的一生有多麼大的影響。孩子，你要記住，那些欣賞我們、幫助我們建立自信、提攜我們成功的人，就是我們人生中最大的財富。

在生活中，有很多人會對友誼產生誤解，他們會把酒桌上的碰杯和別人的奉承也當作友誼。其實，真正的友誼只有在患難的時候才可以表現出來，所謂「患難見真情」，說的就是這個道理。

如果把友誼比喻為鮮花，忠誠和坦白就是它們的種子，支持和幫助就是它們的甘露。真正的朋友，在你一帆風順的時候，可以給你逆耳的良言，讓你保持清醒；在你身處逆境的時候，可以給你精神上的支持，讓你東山再起；在你喜悅的時候，他是你臉上的微笑；在你痛苦的時候，他是你心靈的慰藉。

友誼的類型有很多種：與那些敢於直言相勸，批評指正對方過錯的人為友，你們的友誼就屬於諍友型；與那些可以給予指點迷津，鼓勵朋友奮起直追的人為友，你們的友誼就屬於良師型；與那些可以共同參與陶冶性情和有益健康的娛樂活動的人為友，你們的友誼就屬於娛樂型；與那些可以相互角逐、彼此競爭、相互學習勉勵、共同提升的人為友，你們的友誼就屬於競爭型；與那些樂於接受朋友傾訴，並且可以給予勸說與安慰的人為友，你們的友誼就屬於聆聽型。

人們的一生需要與各種各樣的人交往，也需要不同的友誼。朋友之間不能過於苛刻，因為人無完人，再優秀的人也有缺點。一味追求與完美的人做朋友，只會讓你失去友誼，最終形單影隻。

親愛的孩子，你一定要學會善待朋友，維護彼此之間的友誼！
再見！

第9封信：真正的友誼需要時間來培養

對於即將踏入社會並且對友誼充滿渴望的你來說，要特別注意。真正的友誼，需要經過長時間的培養，只有相互瞭解和相互欣賞，友誼之花才會開放。

親愛的孩子：

在接受別人友誼的時候，你應該表現出禮貌，同時還要保持警惕。你應該讚美友誼，但是不要對別人過於信任。不要因為虛榮心和自戀，輕易相信第一印象很好的人或是經過短暫接觸的人，使其成為你的朋友。像你這個年紀的人，一般都注重義氣，卻忽略防人之心的重要性，因此容易受到老奸巨猾之人的矇蔽。對於你這樣的年輕人，不管是哪個流氓或無賴，只要表現得義氣十足，你就會把他當作朋友，而且還會為這份友誼輕易地抱持信任，最後卻給自己帶來損失，甚至遭遇致命打擊。因此，對於即將踏入社會並且對友誼充滿渴望的你來說，要特別注意。真正的友誼，需要經過長時間的培養，只有相互瞭解和相互欣賞，友誼之花才會開放。

在年輕人之中，還有一種友誼：剛開始的時候感情非常熱烈，但是幾天之後彼此就會變得冷淡。這種友誼的基礎，只是一次偶然的相遇以及放縱的遊樂。其實，這種男女聚在一起喝酒和放縱，與其說是真正的友誼，不如說是對良好品德的侮辱和對社會公德的侵犯，可是他們厚顏無恥地把這種行為稱作友誼。他們借錢給這些朋友揮霍，甚至為對方打架鬧事。這樣的友誼如果決裂，彼此之間就不再掛念對方，反而對彼此之間曾經的信賴與真誠百般嘲笑。

親愛的孩子，你一定要把同伴和朋友做出區分。同伴可能會志趣相投，但是不一定適合做朋友，彼此之間甚至會因為某種利益而傷害對方。在很大程度上，人們會根據你的朋友來對你做出判斷，這不是毫無理由的。西班牙有一句諺語說得很好：「告訴我你和誰做朋友，我就可以說出你是什麼人。」

　　不適合做朋友的人實在太多了。為了不得罪人，對於不適合做朋友的人，你也要表現出禮貌。你可以在心裡厭惡他們的惡習或愚蠢行為，但是態度不能太過冷淡，更不能表現出敵意。如果讓他們覺得很憤怒，後果就會很糟糕，危險的程度也許與跟他們交朋友差不多。對待不能作為朋友的人，我建議你選擇不卑不亢的中立態度，這是最安全的做法。

　　你對所有人都要設防，但是不能表現出來，因為人們不喜歡對自己設防的人。但是如果沒有防人之心，自己就會非常危險，所以要做到藏而不露。想要做到藏而不露，不是一件簡單的事情。在現實生活中，很少有人可以真正掌握其中的訣竅。很多人經常說一些荒唐又難懂的玩笑，讓人不知道他在說什麼；或是口無遮攔，無意中透露不應該為人所知的秘密。

　　接下來，我想要和你談論，應該和什麼人交朋友。你應該盡量和那些優秀的上流人士結交，如此才可以使你有所提升；與品格低下的人結交，難免會使你跟他們一起墮落。有一句老話叫做「近朱者赤，近墨者黑」，正是這個道理。請不要誤會，我所說的優秀的上流人士不是指那些出身高貴的人，而是指那些具備為世人所稱道的優秀品格的人士。在我看來，上流人士可以分成兩種：一種是身居社會上層而衣食無憂的人，另一種是擁有特殊天賦並且在人文或自然科學領域有貢獻的人。以我自身而言，比較喜歡和科學家與詩人等上流人士交往，不太願意與王公貴族結交。

　　所謂「品格低下的人」，是指那些可鄙的人。他們自以為是社交圈裡的佼佼者，為了自己的目的，對別人奉承逢迎。就算是你的缺點，他們也會當作優點而極力恭維，你應該盡量避免與這種人來往。

人們總是想要成為社交圈中的交際之星，這是非常普遍的心理，但是這種心理也是極為愚蠢而有害的想法。出於這樣的虛榮心，人們可能會與那些品格惡劣的人結交，這是步入墮落的第一步。

　　你或許會問我，一個人能否只與上流人士結交？又應該怎麼結交？

　　第一個問題的答案是肯定的，每個人都有這樣的能力。至於結交的方法，也很簡單。如果一個人有與上流人士交往的機會，就會盡量表現優秀的品格和良好的教養，以博取好感。不管在哪裡，淵博的學識與優秀的品格和良好的教養，都是最好的名片。淵博的學識可以成為一個人最好的介紹信，優秀的品格和良好的教養會使一個人深受喜愛。我之前就對你說過，優雅的舉止和良好的教養可以為一個人的優秀品格增添光彩。反之，知識和才華無法被最佳地表現出來。如果沒有良好的教養，學者就會被稱為書呆子，哲人就會憤世嫉俗，士兵就是一個粗俗的武夫。總之，沒有良好的教養，就不能受到人們的歡迎。

　　再見！

　　1747年10月9日

　　於倫敦

第10封信：精心呵護友誼

一個懂得交往之道的人，會視朋友之間的友誼為最寶貴的財富，會自願地花費時間和精力去維護。一個懂得生活的人，會非常重視友誼，寧願擁有更多忠誠的朋友，也不願意周圍只有冰冷的金錢，他們知道只有真正的朋友才可以豐富一個人的生命。

親愛的孩子：

你要知道，萬能的上帝給予人類最美好和最珍貴的禮物就是友誼。所以，你一定要精心呵護與朋友之間的友誼。友誼是無價的，無法用金錢購買。如果你每天忙於追逐名利和金錢，不願意花費時間去維護與朋友之間的友誼，當你驀然回首時，會發現原來的那些朋友已經離你而去，你們之間的友誼也因為你的疏忽而變得淡薄。孩子，你要記住，越是珍貴的東西，越要精心呵護，友誼更是如此。

一個懂得交往之道的人，會視朋友之間的友誼為最寶貴的財富，會自願地花費時間和精力去維護。一個懂得生活的人，會非常重視友誼，寧願擁有更多忠誠的朋友，也不願意周圍只有冰冷的金錢。他們知道，只有真正的朋友才可以豐富自己的生命。

維持友誼需要雙方努力。當朋友來拜訪的時候，你要感到高興，也要及時回訪，或是做一些可以使友誼更緊密的事情。互相來往是維持友誼長久的基本方法。

有些人總是抱怨沒有人可以理解他，自己沒有朋友。但是只要稍作觀察，就不難明白其中的原因——他們有讓人難以接受的卑劣品性，例如：心

胸不寬廣、行為卑劣。所以，如果想要交到更多的真正朋友，培養優秀的品格絕對不可缺少。開朗、大度、友善的品格，是深厚牢固的友誼的基石。在人際交往方面，寬宏大量、胸懷開闊、樂於助人的優秀品格是最吸引人的。具有這些品格的人，容易交到更多的朋友。

透過虛偽的言辭或欺騙的手段，無法獲得真正的友誼；志向和興趣相差很大的人，也無法產生真正的友誼。在某種程度上說，友誼需要相互仰慕和尊敬來維持。如果你想要讓別人心甘情願地成為你的朋友，你身上就要具備吸引他們的東西。有些人總是與真正的友誼失之交臂，就是因為他們身上不具有那些吸引人的品格。

公正和真誠是所有偉大友誼必須具有的。如果你的朋友具有公正和真誠的品格，即使你有時候感覺這種品格傷害你，你也會對他非常尊重，因為公正和真誠是每個人都希望得到的。

在人類的本性中，有一些內在的品格會讓我們情不自禁地鄙視那些虛偽的人。對一位朋友的好感，很有可能使你失去對他的客觀評價，你注意到的只是他美好的一面，卻忽視他的缺點。他在你心中的地位，往往比實際更完美。但是，當你發現他在隱藏或欺騙你的時候，他再也無法得到你的信任，彼此之間的友誼就會蕩然無存。記住，信任是友誼的保障。

短時間無法獲得真正的友誼，友誼需要經歷時間的洗禮，就像酒是越陳越香。那些從少年時期就陪伴你，而且和你並肩走過風雨的朋友，是非常珍貴的。

如果你有這樣一位朋友，請永遠心懷感激之情。你可以透過對他的生活和事業進行關心來回報，讓你的行為成為快樂和幸福的泉源。

再見！

第11封信：取悅別人的方法

每個人都有弱點，都有可笑而天真的虛榮心，例如：男人總是希望被稱讚他比別人更有智慧，女人總是希望讓人覺得自己更漂亮。這些想法雖然錯誤，但是對他們來說是愉悅的，也不會傷害其他人。所以，寧願讓他們沉浸在快樂之中，成為自己的朋友，也不要老實地拆穿他們的虛榮，為自己樹敵。

親愛的孩子：

對任何人來說，取悅別人和博取別人好感是必須學會的生存方法，但是想要掌握它又非常困難。即使我的生活經驗非常豐富，還是無法將這些方法歸納為簡單規則，但是你可以憑藉自身敏銳的判斷力和觀察力來掌握。

以我所知，想要取悅別人和博取別人好感，最實用的方法和準則就是「投之以桃，報之以李」（你希望別人怎樣對待你，就應該以相同方式對待別人）。仔細觀察別人身上有什麼特徵讓你著迷，很有可能這些特徵也會對他們有用處。如果別人殷勤地招待你，隨時關注你的幽默和品味甚至是缺點，同樣的道理，別人也喜歡你這麼做。在社交圈裡，嘗試用你同伴的語氣來說話，但是千萬不要讓他知道你在故意這樣做。你要依據不同的氣氛和場合，適當地表現認真和愉快或仰慕的態度，這種態度對個人和群體都適用。

不要試圖在社交場合中隨便給別人說故事，這是最讓人感到無聊或討厭的事情。如果你碰巧知道一個很短的故事，想要把它插到當前的談話中，說的時候要用最簡短的話語，而且你還要聲明自己不是一個喜歡說故事的人，之所以說這個故事，是因為它適合而短小。

在與別人交談的時候，要避免以自我為中心，千萬不要把自己的喜好和私事當作取悅別人的話題。這些事情對你來說很有意思，但是對別人來說，卻相當枯燥乏味，甚至毫無關係。當然，也不要過於保護自己的隱私，讓人覺得你在防備他。

不管你覺得自己在某個方面如何出色，也不要故意表現驕傲的感覺，更不能千方百計地把話題引到賣弄自己的優點上。一個真正在某個方面非常優秀的人，不需要刻意指出來，別人也會發現，而且這樣更可以博得別人好感，比故意炫耀自己的效果更好。

即使你認為或確定自己的觀點是正確的，也不要固執地與別人長時間激烈辯論，只要用謙虛而冷靜的態度表達自己的意見就可以，這樣更可以讓別人信服。如果這樣做無法達到效果，就嘗試用幽默的語氣轉換話題，你可以說：「我們都無法說服對方，而且這樣也沒有必要，讓我們談論其他話題吧！」

記住，每個社交圈都有自己的處世原則。一個社交圈流行的東西，不一定適用於另一個社交圈，例如：某些笑話和警句可能在某個社交圈很流行，但是在另一個社交圈卻受到排斥。每個社交圈都有其特點和處世習慣或俚語，會賦予某個詞語或手勢特定的含義。離開這個環境，就沒有任何意義，其實場合和時間不同，那些東西就會顯得無聊，甚至會在不知不覺中得罪別人。

人們經常習慣以吊別人胃口的方式來展開話題，這樣的說話方式沒有什麼錯，但是如果別人聽完以後覺得很普通，並且流露失望的表情，此時講述者就會像傻瓜。

如果你想要贏得某些人對你的友誼和關愛，不管是男是女，都要努力發現他們的優點和缺點。對於其中某些方面，你要保持公正，但是對於另一些方面，只保持公正是不夠的。一個人可能在大多數方面都非常優秀，或是至少希望別人這樣看待自己。即使他可以清楚地認識到自己的長處，卻還是希

望得到別人的肯定和誇獎，對自己不能確信又想要擁有的長處，如果聽到別人的恭維，他們必定會非常高興，即使有時候他們不會表露出來，但是內心絕對是這樣。

透過觀察人們聊天時喜愛的話題，你就會輕而易舉地發現每個人的弱點。羅伯特‧沃波爾爵士是大家公認有才華的人，所以他不喜歡別人稱讚他的能力。他最大的缺點就是勇敢而不夠溫和親切和彬彬有禮，因此為了改變人們對他的看法，他非常喜歡而且經常在談話中提到自己的文雅舉止和幸福生活。那些有洞察力的人據此發現他最大的弱點，並且利用這個弱點達到自己的目的。

一般說來，女人最關心的就是自己是不是漂亮。對於這個方面，千萬不要吝嗇你的讚美之詞，否則她們就會認為你粗魯而無法忍受。每個女人都有值得讚美的地方，如果她的容貌不好，就會特別修飾自己的身材和頭髮，並且相信這樣可以彌補容貌的不足。相反的，如果她的身材不好，就會利用自己的容貌來進行彌補。當然，也有身材和容貌都不好的女人，這種女人會以「高雅、舉止優美」來彌補。實際上，即使是世界上最醜的女人，也會利用華麗而講究的服飾來精心打扮自己，這種邏輯非常普遍。在所有女人之中，那些公認的美女對於別人的奉承已經習以為常。在這種情況下，你應該稱讚她們的學識。雖然她們從來沒有懷疑自己的學識，但還是想要聽到男人的肯定，因為她們可能會擔心男人不是這麼想。

千萬不要認為這些是卑劣和阿諛奉承的伎倆，絕非如此！在我看來，不能恭維別人的罪惡和劣行。相反的，應該憎惡並且加以抵制。但是在這個世界上，所有人在本質上都喜歡別人討好自己。每個人都有弱點，都有可笑而天真的虛榮心，例如：男人總是希望被稱讚他比別人更有智慧，女人總是希望讓人覺得自己更漂亮。這些想法雖然錯誤，但是對他們來說是愉悅的，也不會傷害其他人。所以，寧願讓他們沉浸在快樂之中，成為自己的朋友，也不要老實地拆穿他們的虛榮，為自己樹敵。

同樣的，給予別人更多的關注，在某種程度上可以影響到別人的自尊和自愛，自尊和自愛是人性中不可或缺的組成部分。最明顯的就是：別人的評價會影響一個人對自己的認識和思考問題的方式，例如：對別人細節上的關注，會讓對方覺得自己是你心目中至關重要的人物，往往比許多事情更可以滿足對方的自尊心，更可以贏得他們的好感。

　　這些是你步入社會以後必須掌握的奧秘，我希望自己像你這麼大的時候也有人願意告訴我這些，但是沒有。所以，為了表達我對你的愛，我願意將這些自己花費三倍的代價和五十年的時間才得到的人生珍寶，毫無保留地傳達給你，希望你可以藉此獲得更大的收穫。

　　再見！

　　1747年10月16日

　　於倫敦

第12封信：記住並且叫出對方的名字

順利地叫出對方的名字，會讓對方感覺到你在關注他和在乎他，特別是沒有經常交往的人和只見過一次的人，對方會覺得你非常優秀，同時也會有心靈上的滿足感。這樣一來，他也會盡力滿足你的需要。

親愛的孩子：

對於自己的名字，每個人都非常重視。記住對方的名字，順利地叫出來，不僅表示你對他非常尊敬，同時也向他傳達你的恭維和讚賞，比任何語言更甜蜜和重要。反之，你忘記一個人的名字，或是叫錯名字，不僅會使對方難堪，對你來說也是很大的損害，會使你在不知不覺中處於不利的地位。所以，你最好記住曾經和自己交往的每個人的名字。

順利地叫出對方的名字，會讓對方感覺到你在關注他和在乎他，特別是沒有經常交往的人和只見過一次的人，對方會覺得你非常優秀，同時也會有心靈上的滿足感。這樣一來，他也會盡力滿足你的需要。

有時候，要記住一個人的名字真的很困難，尤其它非常拗口的時候，一般人都不願意去記它，他們往往是這樣想的：算了，就用暱稱吧，這樣簡單又好記。實際上，在人與人之間交往時，每個人都希望別人可以叫出自己的名字。無論他從事什麼行業，和你的關係如何，只要你可以大聲地叫出他的名字，他就會感到無比喜悅。

在現實生活中，多數人不記得別人的名字，這是因為他們沒有意識到記住別人名字的重要性，所以他們不願意花費時間和精力去專心（集中精力聽別人介紹自己）而重複（認識一個新朋友以後，在與他的交談中，盡可能多

地在適合的場合重複他的名字）把這些名字記在自己的腦海中，他們的藉口往往都是「自己太忙」。

　　孩子，你一定要知道，一個人的名字是完全屬於這個人的，沒有人可以取代。有時候，只依靠一個好名字就可以使人們顯得出眾，使人們表現自己獨特的個性，最後脫穎而出。我們可以做的，就是記住曾經和自己交往的每個人的名字，這是極其重要的。

　　再見！

第13封信：讚美的學問

在讚美別人的時候，你必須是真誠的。因為可以引起對方好感的，只有那些基於事實和發自內心的真誠讚美。相反的，如果你毫無根據而虛情假意地讚美別人，他不僅會感到莫名其妙，也會覺得你油嘴滑舌和詭詐虛偽。

親愛的孩子：

在我看來，一個人需要的東西只有以下幾種：健康和生命的保證、食物、金錢以及金錢可以買到的、未來的保障、性生活的滿足、後代的健全、自尊心。對於任何一個人來說，這些需要很容易達到，可是有一種渴望與食物和睡眠一樣，既深切又很難得到滿足，那就是：「渴望被人肯定」。請注意，我不是說「希望」或「欲望」，而是「渴望」。

我寫這封信給你的目的，就是要告訴你如何滿足這種虛榮心。我的經驗告訴我，適時地讚美別人是一種很好的手段。因為獲得別人的讚美，是別人對自己的信任和肯定。如果一個人經常聽到讚美，就會明白自身的價值。

讚美不是諂媚，所以請不要誤會，我不是教你使用卑鄙的手段去操縱人們。當然，你不必也不應該連人們的缺點和壞事都加以稱讚，並且我還認為，這些不好的事情，我們應該感到憎厭。

怎樣的讚美才有效？

首先，在讚美別人的時候，你必須是真誠的。因為可以引起對方好感的，只有那些基於事實和發自內心的真誠讚美。相反的，如果你毫無根據而虛情假意地讚美別人，他不僅會感到莫名其妙，也會覺得你油嘴滑舌和詭詐虛偽。

其次，讚美因人而異。人們的素質有高有低，年齡有長有幼。讚美應該因人而異，突顯個性。有特點的讚美比一般化的讚美更可以收到效果。對於老年人，可以稱讚他引以為榮的過去；對於年輕人，可以讚揚他的創造才能和開拓精神；對於中年人，可以稱讚他頭腦靈活，生財有道……

　　第三，讚美的內容要翔實而具體。在這個世界上，人們有非常顯著成績的時侯並不多見。因此在交往中，應該從具體的事件入手，善於發現別人最微小的長處，並且不失時機地予以讚美。讚美用語越翔實而具體，說明你對別人的長處和成績越看重。讓對方感受到你的真摯和親切，你們之間的距離就會越來越近。如果你只是含糊其辭地讚美對方，說一些空泛飄渺的話語，不僅會引起對方的猜度，甚至產生不必要的誤解和信任危機。此外，「喜新厭舊」是人們普遍具有的心理。陳腔濫調的讚美，會讓人覺得索然無味；新穎獨特的讚美，卻會令人回味無窮。

　　第四，讚美要適可而止。每個人都有自我欣賞的傾向和強烈的白尊心，如果別人對自己表示好感，欣賞自己，自尊心就會得到滿足。尤其是缺乏自信而過分在意外界對自己評價的人，更願意透過別人對自己積極肯定的評價（即使是表面上的禮貌）來滿足自己的虛榮心。因為這個原因，讚美在人際關係中產生潤滑劑的作用。恰如其分的讚美，有利於消除對方的緊張和戒心，在很短的時間內，徹底擊破對方的心理防線，贏得對方的好感甚至友誼。但是，讚美給人的感覺並非都是美好而甜蜜的，如果讚美過於露骨或是誇大其詞，反而會加劇對方的防備心理。因為過分親熱會讓人不由自主地產生懷疑，猜想對方是否另有所圖。

　　第五，在私下稱讚效果更好。為了使你稱讚別人的效果更好，可以適當地在稱讚方法上略施技巧，其中之一就是在私下稱讚對方。當然，你還要想辦法將自己的稱讚巧妙地傳達到對方的耳朵裡。如果對方對你的稱讚一無所知，就沒有任何意義。在這裡就有另一個問題，那就是：怎樣選擇傳達資訊的人，這個問題相當重要。給你一個建議：你挑選的人，最好也是透過傳遞

這個資訊可以獲益的人。這樣一來，他不僅會真實地傳達你的稱讚，還有可能添油加醋，就會更增加效果。

孩子，我以上所寫的，是你在踏入社會以後結交朋友的必備要件。我花費三十五年的時間，才悟出這些道理。有時候我想，如果我在你這個年紀的時候就瞭解這些道理，會有多麼好啊！如今，我只希望你可以吸收其中的精華，對我來說，就是最好的安慰。

再見！

第14封信：像智者那樣旅行

一次旅行結束，可以從中獲得更多的知識和其他有助於自己發展的東西，才是旅行的真正意義。

親愛的孩子：

我已經讀完你寄給我的行程安排。對於你的安排，我非常滿意，從中我可以發現，不管你到達什麼地方，都會認真觀察和虛心求教。孩子，你要記住，一次旅行結束，可以從中獲得更多的知識和其他有助於自己發展的東西，才是旅行的真正意義。

有很多人每年都要進行至少一次旅行，但是卻沒有任何意義。因為他們始終心不在焉，他們關注的只是自己到哪裡，每天吃什麼特產和住在什麼地方。所以，這種人無法透過旅行來改變自己，讓自己有所發展。

還有一些人，把注意力放在當地的景觀上，看一些尖塔和鐘樓或是其他建築物，這樣的旅行也是沒有意義的。因為他們瞭解的只是表面情況，沒有進行深入研究，所以一次旅行結束，他們的收穫甚微，與旅行之前沒有什麼不同。

但是還有一些人，每到一個地方，都會仔細觀察並且深入研究當地的人文、貿易、政府機構、法律。他們會請教當地的智者，會結交一些彬彬有禮的紳士。他們知道，每個地方都有值得自己學習的東西，並且只要認真觀察和研究，就可以豐富自己的知識，這種人懂得旅行的真正意義。旅行開始之前，他們就是聰明人；旅行結束以後，他們會變得更睿智。

所以我也建議你，不管你在什麼地方逗留，都要想盡辦法收集關於當地

概況和歷史情況的資料。你可以先透過簡單的書籍收集（千萬不要因為某些書寫得不盡如人意而忽略它們，有時候它們還是可以讓你知道應該向智者打聽什麼事情），然後再根據整理出來的資料，向當地的智者求教，以得到更詳細而有用的知識。

例如：你到達萊比錫以後，可以先收集一些介紹這個城市現狀的書籍（這個方面的書籍絕對很多），進而初步瞭解萊比錫的地方官員和員警，以及當地居民享有的基本權利……然後，你可以綜合這些書中提到的資料，向當地的智者求教，進而進一步深入研究。

再例如：如果你想要瞭解薩克森（德國東部城市）地區的選舉情況，你也可以用相同的方式，從普芬多夫的介紹中找到一些關於它的歷史記載。這樣一來，你就可以對此有初步瞭解，然後從中總結一些資料，選擇適合的人仔細諮詢。

總之，對任何事情都要抱持好奇心，注意觀察，善於提問。在你這個年紀，不思進取和懶散冷漠是絕對不可原諒的。

仔細思考接下來三四年的時間對你的意義有多麼重大，千萬不要浪費這段寶貴的光陰。不要以為我說這些話是要你每天從早到晚抱著書本，其他事情一概不問。我不想讓你成為一個書呆子，我希望你在學習之外還可以做一些有意義的事情，一寸光陰都不能浪費。

千萬不要小看這些零星的時間，一年累積下來就是一大筆時間。舉例來說，在你每天的學習與娛樂活動之間，還有許多短暫的休息時間。這個時候，你千萬不要無所事事，只是躺在椅子上打哈欠，可以隨手拿起一本書，讀上幾頁。不管這本書多麼瑣碎，即使是笑話書也無妨，總比無所事事更好。

在我看來，理性的休閒娛樂絕對不是浪費時間。相反的，它是生活的一部分，是一種利用時間的好方式，對一個人也是非常有益的。理性的休閒娛樂，包括參加公眾集會、參觀展覽、和上流人士聚會、參加氣氛輕鬆歡樂的

舞會。可是你一定要記得，參加的時候把你的注意力帶上，否則就是浪費時間。

　　許多人都認為自己對每天的時間利用得很充分，但是當自己靜下來，回顧自己的所作所為時，就會發現其實什麼事情都沒有做成。他們雖然讀兩三個小時的書，可是只是機械地閱讀，沒有對書中的重點進行思考，結果什麼都得不到。他們經常參加聚會，可是總是心不在焉，既不用心觀察對方的品格，也不關心他們談論的話題，而是想著一些雜七雜八的無聊瑣事。他們經常去外地遊玩，但是不懂得旅行的真正意義，經常張口結舌地被那裡的人或吊燈吸引，完全忘記旅遊的目的。如果是這樣，絕對毫無收穫。

　　你不要像他們那樣讓時間在不知不覺中浪費，我希望你做任何事情都要全神貫注。在學習上，你要對學習的內容仔細體察並且思考；在娛樂上，你要隨時留意自己的所見所聞，千萬不要心不在焉，別人剛說完，就要求對方再重複一遍。

　　好了，這封信就給你這麼多忠告吧！希望對你有用。

　　再見！

　　1747年10月30日

　　於倫敦

第15封信：給人生找一個嚮導

年輕人給年輕人指導，就像盲人給盲人指路一樣危險。唯一可以指導你在人生道路上順利前行的人，就是走過你想走的那條路的人。

親愛的孩子：

如果你花一些時間想想，並且理智認真地思考，就可以得到兩個非常重要的結論：第一，我的人生經驗非常豐富，你現在只是「一張白紙」；第二，我是這個世界上唯一跟你沒有利害衝突的人，並且始終都在以直接或間接的方式關注你健康成長。很明顯，這兩個結論是毋庸置疑的，並且你還可以根據這兩個結論，很自然地得到一個推論：你應該接受並且遵從我的建議，這都是為你自己好。

如果你可以聽從我的忠告，接受我的建議，我相信你一定可以成為一位知識淵博的人。這一切最終的受益人是你，我只是為你付出。記住，不管你將來是成為德才兼備的人還是道德敗壞的人，我都不會有什麼變化，但是你卻要成為最終的承受者。

幾乎所有的年輕人都會產生這樣的懷疑——他們是不是嫉妒我現在享受的一切歡樂。我要告訴你，我絕對不會嫉妒你。相反的，如果你追求的所有享樂最後證明只會讓你墮落，我只會為你感到惋惜。如果這個情況成為事實，你將是最大的受害者。你要知道，不管我對你提出什麼建議，唯一的動機就是我愛你。所以，在接下來的幾年時間裡，我希望你可以把我當作自己最知心的朋友。

除了親子之間的關係以外，真正的友誼需要建立在雙方年齡相當和舉止

相稱的基礎上，否則很難發展成真摯的情誼。在親子關係中，父母對子女無私的愛，子女對父母的敬意，消除年齡與修養之間的差異，正因為如此，才有可能成為忘年之交。目前你跟年紀相仿的人之間的那種情誼可能非常真誠和愜意，但是這樣的情誼可能會給彼此帶來摩擦，因為你們都沒有豐富的人生經驗。年輕人給年輕人指導，就像盲人給盲人指路一樣危險。唯一可以指導你在人生道路上順利前行的人，就是走過你想走的那條路的人。就讓我成為你的人生嚮導吧！在我的一生中，我走過各種各樣的路，儲備豐富的人生閱歷，因此可以為你指出哪條路才是最佳選擇。

也許你心裡會說：「你是在自我吹噓吧！否則你為什麼曾經有誤入歧途的時候？」對於這一點，我可以明白地告訴你，那是因為我沒有優秀的嚮導為我指明正確的方向。壞的榜樣引誘我步入歧途，好的嚮導指引我走上正道。如果一個曾經體驗我過去飽嘗艱辛的智者，在我年輕的時候，願意擔任我的嚮導，給我正確的建議，就像我現在對你做的這樣，我就可以少犯許多愚蠢的錯誤，避免許多不必要的麻煩。

你的祖父對我沒有什麼深厚期望，也沒有能力給我提出任何建議。正因為如此，我不希望你將來在評價我的時候，以相同的話語來責備我。你可以看到，我給你做出指導的時候，只用「建議」這個詞語，因為我希望你接受我的忠告，是你理智判斷和心甘情願的結果，而不是害怕我作為父親的權威。我相信你是一個有頭腦的孩子，知道我提出的建議都是為你好，也會做出正確的判斷，選擇接受我的忠告。所以，我會繼續寫信給你，為你提出有用的建議，希望可以幫助你成功。

我希望你可以充分學習並且掌握科學知識，如果現在你無法集中精力來領悟這些知識，將來就會對科學一知半解。缺少科學知識的人，無法適應社會的發展。這一點，你一定要銘記在心。

在學習古典文學特別是古希臘文學時，你可以向別人請教。不管是大問題還是小問題，你都要坦白地說出來。沒有人會嘲笑一位虛心的求學者，千

萬不要因為想要提早結束學習而把疑問留在心中。

　　不管是學習什麼事情，切忌一知半解。對所有疑問都要想辦法解決，只有這樣，才可以對學習的知識融會貫通，學到更高深的學問。

　　學習的時候，你可以一邊思考，一邊將重點記錄在筆記本上，這是一個非常好的學習習慣。

　　白天的時候，你應該把精力放在學習上，晚上也不能荒廢，可以參加一些紳士們的聚會。聚會的時候，不能只是簡單地為了娛樂，同樣要全神貫注和用心觀察。

　　你在每個地方都應該努力學習這個地方所蘊涵的值得你學習的東西，最好是全部把它們掌握。你可以觀察並且模仿當地優雅的紳士禮儀，也許這些禮儀不是世界上最好的禮儀，但絕對是這個地方最好的禮儀。你是一個聰明人，應該懂得去模仿學習。

　　我經常和你說，在任何時間和任何地點，從本質上說，事物都是相同的。但是，如果到某個地方，其表現形式就會完全不同。一個知識淵博、經驗豐富、修養良好的人，會非常輕鬆地瞭解這一切，並且審時度勢，依據不同的場合和時間，選擇不同的方式。

　　好了，借助這封信給你的建議已經很多，衷心希望它可以對你有幫助！

　　再見！

1747年11月24日

於倫敦

第16封信：不要讓時間在廢話之間流失

你每天花在學習上的時間越多，就可以越快抵達勝利的終點。你想要盡快獲得自由，就要更利用時間，打下堅實的知識基礎。

親愛的孩子：

我想要告訴你的事情太多了，卻沒有任何事情比現在說的更重要，那就是：對時間寶貴性的認識，以及如何有效利用時間。

古往今來，有關時間的格言實在是不勝枚舉，任何人都會說出幾句關於時間的經典格言，例如：「光陰如梭，轉瞬即逝」、「一寸光陰一寸金，寸金難買寸光陰」。

雖然每個人都說要珍惜時間，但是可以瞭解其中真諦的人卻非常少，真正可以把時間視為生命一樣去珍惜的人更是屈指可數。更多時候，人們每天說著無聊的廢話，讓時間白白地浪費，也證明時間的易逝。

在歐洲各地，無論你走到哪裡，都可以在公共場所的象徵性建築上看到醒目的時鐘。我認為，人們之所以這樣做，就是要借助這些時鐘發出的「滴答、滴答」聲告訴人們：時間是如此寶貴，請多加珍惜！同時，讓人們內心深處隨時湧現「逝者如斯」的感覺。可是，只知道時間的重要性還不夠，如果無法在實際行動中珍惜時間，怎麼可能真正瞭解時間的價值？

你在信中給我講述自己每天對於時間的安排。看完信以後，我覺得你的安排是合理而理智的。所以，我不想給你講述有關利用時間和浪費時間的長篇大論，只想針對如何安排此後兩年的時間給出一些建議，因為這兩年對你的未來有極為重要的影響，我衷心希望你可以好好把握這段時間。

在你十八歲之前，我希望你可以為自己的知識奠定牢固的基礎。這是至關重要的一步，否則你將難以掌握更多的知識，實現自己的人生目標。因為隨著年齡的增長，知識將逐漸成為你休憩的港灣和避難的場所。如果年輕的時候沒有播撒知識的樹種，到了年老之時就沒有樹蔭納涼。

我不期待也不要求你可以在剛踏入社會之時就掌握所有書本知識，並且可以運用到實際生活中。我知道這不太可能做到，甚至以某種程度而言，也很不適合。對你來說，接下來的兩年非常重要，你應該堅持不懈地認真學習。

我知道，你偶爾會對手中的書感到厭倦。我雖然對此完全可以理解，但是卻沒有任何解決辦法。我只能勸告你，當你感到厭煩的時候，多想想這個道理：現在多用功，就可以提早達到目的，提早獲得自由，這是唯一的道路，無可替代。

我想要在這裡和你做一筆對你來說非常有利的交易：我承諾，如果你在十八歲以前按照我的意願做事，並且把它們做得很好，在你十八歲以後，我也會為你做任何你希望我做的事情。

孩子，現在是你勤奮的最好時光。此時的你，是一個「專業讀書人」，因此可以盡情沉浸在書海中，好好珍惜一去不復返的時光吧！

我有一個非常善於利用時間的朋友，即使是很短暫的時間，他也不會浪費。例如：上廁所的時候，他會在洗手間閱讀古羅馬詩人奧維德的作品。據我所知，他利用上廁所的時間，已經把奧維德的所有作品讀一遍。你也可以參考他的具體做法，每次上廁所的時候，將買回來的詩集撕下1～2頁，帶到洗手間閱讀。等到上完廁所，這兩頁詩也讀完了。

難道你不認為這是一個珍惜時間的好方法嗎？要不要仿效一下？仿效別人的做法，總比呆傻地坐著不知道應該做什麼好，更何況這樣還可以讀很多好書，從中受益。當然，還要看是什麼書，不是所有書都適合採用這種方法閱讀，有些書必須一口氣讀完，才可以理解內容大意，科學方面的書就是

這樣。但是還有很多書，甚至是一些非常實用的書，可以這樣一點一點地閱讀。優秀的拉丁詩集就是最好的例子，但是維吉爾的《埃涅阿斯紀》除外。在大多數當代詩人的詩作中，你會發現許多值得閱讀的篇章，最多花上你幾分鐘的時間；還有一些詞典，適合人們在學習或娛樂之餘，間斷性地翻閱。

再見！

1747年12月15日

於倫敦

第17封信：說實話是你的義務

每個人都應該明白，故意說謊的人總是無法達到自己的目的，因為謊言不是真理，遲早會被人拆穿。如果謊言被拆穿，這個人將會受到眾人譴責，讓自己身敗名裂，並且無論怎樣辯解都無濟於事。

親愛的孩子：

你說自己對位於瑞士中部的埃斯德勒地區的天主教徒瘋狂的迷信以及禮拜堂裡荒謬的行徑感到驚訝和可笑。對你的這種行為，我表示反對。因為每個人對事物都有自己的看法和觀點，只要不是有心的，不管他們的看法和觀點多麼愚蠢，我們都不應該懲罰或嘲笑他們，反而應該給予同情和理解。你要記住，判斷力差的人和盲人一樣可憐，他們的行徑不可笑，不應該受到別人的嘲笑。我們應該秉持仁慈的心，盡可能公正地對待他們，應該與他們面對面地談心，嘗試幫助他們找出正確的思考方法。

所有人都在尋求真理，但是究竟誰可以找到，這個問題要靠大家的觀點來評判。因此，不經過大腦思考就嘲笑那些相信錯誤觀點的人，是極其不公正而荒謬的行為。你要明白，他們也是根據自己的判斷而行事，只是判斷力比較差，受到別人的矇蔽。所以，真正應該覺得羞愧的人，不是那些天真地相信謊言的人，而是那些說謊和欺詐的人。

我堅定地認為，沒有什麼事情比說謊更可惡、更卑劣、更荒謬，它源於人們的憎恨和怯懦或是虛榮心。每個人都應該明白，故意說謊的人總是無法達到自己的目的，因為謊言不是真理，遲早會被人拆穿。如果謊言被拆穿，這個人將會受到眾人譴責，讓自己身敗名裂，並且無論怎樣辯解都無濟於

事。

在說謊的人之中，有一些是為了給自己的言行找藉口才說謊，他們因為擔心自己的名譽受損，才編造謊言妄圖隱瞞真相。這些人會因為說謊而感到不安，結果更損害自己的名譽，甚至使自己蒙羞或受辱。如果他們因此遭到別人鄙視，也是無可奈何。孩子，你要記住，恐懼只會讓危險和恥辱增加，而不會讓其消減。

如果不幸做錯事情，與其說謊隱瞞，不如老實承認，勇敢面對其帶來的惡果，這是一種高尚的做法，也是唯一可以進行補救並且求得別人原諒的方式。隱瞞過錯，並非明智之舉，不管誰這麼做，都無法完全隱瞞，因為謊言的成功率很低，幾乎為零。

此外，還有一種謊言，即使不會傷害別人，也是非常荒謬和滑稽。製造這種謊言的人都是虛榮心在作祟，想要借助彌天大謊帶來無盡榮譽。他們將自己描繪為完美無瑕的英雄，而且身陷危難，只有他可以擺脫困境。他們總是稱讚自己見解獨到，讓別人驚嘆自己的觀點……他們的謊言會很快被人拆穿，無法達到他們預想的目的，還會遭到眾人的嘲笑和輕視，讓自己受辱。

記住，如果你想要在社會上做一個正直的人，不想讓自己的良心和名譽受到損害，就不應該說謊。這一點，請你絕對要銘記在心。這不僅是你在人生道路上需要遵守的原則，也應該是你堅持追尋的方向。相信我，這樣做可以給你帶來很多好處。

再見！

1747年12月21日

於倫敦

第18封信：誠信是做人之本

誠信是一種優秀的品格，是人類存在的無形基石，是人類文明大廈的堅固底座，是上帝賦予我們的責任。誠信就像漂亮的外衣一樣美化著你的外表，提升著你的人格魅力。

親愛的孩子：

誠信是一種優秀的品格，是人類存在的無形基石，是人類文明大廈的堅固底座，是上帝賦予我們的責任。誠信就像漂亮的外衣，美化你的外表，提升你的人格魅力。

違背諾言，是愚蠢、損害名譽、缺乏道德的行為，也是可恥的。首先，背棄諾言會使你失去別人的信任，也會降低你的信譽度。其次，誠實是宗教和道德的第一要義，一個不誠實的人，連上帝也會嫌棄他。總之，如果你不守信，當真正的危險和機會來臨的時候，就沒有人會相信你和幫助你。

孩子，還記得嗎，在你小時候，我經常說《伊索寓言》的故事給你聽。也許那個時候的你還小，沒有經過世事的磨練，不太明白其中的寓意，只是把它們當作簡單而生動的有趣故事。但是孩子，你一定還記得那個《牧童與狼》的故事吧！牧童在經過幾次說謊，失去所有朋友的信任之後，最後付出寶貴的生命。這個故事是對「說謊的代價」的最好詮釋。

孩子，記得你向我承諾生活和事業的目標，承諾自己一定會承擔上帝賦予的責任，做一個受人歡迎、令人愉快、有道德、有教養、有魅力的人。但是怎樣做才可以成為一個誠實守信的人？

首先，親人是你一生中最寶貴的財富，在與他們的交往中，必須堅持誠

實和守信的原則。試想一下，在我們的家庭中，如果親人把自己真實的想法隱藏起來，這個家庭還有溫馨和幸福可言嗎？當你在外面遇到挫折，灰心喪氣地回家的時候，還可以從父母的眼中得到理解和安慰嗎？

其次，在與朋友的交往中，誠信同樣最重要。朋友是你在工作和生活中遇到的志趣相投的人，你們因為某種機會和緣分而結成夥伴同盟。在茫茫人海中，每個人都會感到自己很弱小，你也會需要別人的幫助，但是家人的力量畢竟是有限的。這個時候，你就會情不自禁地想起自己的朋友，此時可以幫助你的也只是你的朋友。當然，朋友有時候也需要你的幫助。在幫助別人的時候，同樣必須信守諾言，如果答應別人就要盡力做到。

再次，在工作中，誠信的作用更是不可估量。現在世界上擁有悠久歷史的公司，都是把誠信作為生存之本。擁有一份成功的事業，幾乎是每個人夢寐以求的，特別是男人，成功的事業已經成為優秀男人的象徵。

以我這幾年的經驗來看，一個人想要成功，必須要有自己的工作原則，然後堅定不移地貫徹下去，誠信就是我要強調的最重要的工作原則。每個行業都有自己的遊戲規則，想要在這個行業生存和成功，甚至謀取一席之地，就要遵守這個行業的遊戲規則。

很多人認為，欺騙可以獲得許多好處。不可否認，他們利用人類在人性中的某些弱點，自作聰明地把誠實的人當作傻子，確實在短時間取得一些不道德的利益。但是孩子，我要告訴你的是：千萬不要因為這樣，就懷疑誠信的價值。那些人鼠目寸光，只看到眼前的蠅頭小利，沒有考慮長遠的利益，甚至國家和民族的利益。他們的欺騙行為，最終會使他們的人格與尊嚴完全喪失。

所以孩子，你一定要記住：不要做《牧童與狼》的那個牧童，不要因為短暫的蠅頭小利而離棄忠誠信實的原則。你要把忠誠信實繫在自己的脖子上，刻在自己的頭腦裡，守住誠信的品格，因為上帝在注視你。

再見！

第19封信：努力發現別人的優點

我明確地告訴你，一個人最糟糕的修養表現就是輕視與嘲笑別人。你要知道，三人行必有我師也，所以你要努力發現他們身上的優點，並且學習。

親愛的孩子：

我相信你在萊比錫期間，每天應該都過得很充實。也許有些人會說，你沒有任何休閒時間。但是我知道，你絕對不是這樣認為的。你是一個聰明人，知道這樣利用時間是正確的。我相信，只要你總是這樣愛惜時間，讓它產生最大的價值，不用多久時間，你就會收穫很多，這是毫無疑問的。

你覺得和你交往的人之中，大多數都是不夠開朗和學識淺薄的人，對此感到很失望。我希望這只是你的心裡所想，沒有在行動上做出任何輕視和嘲笑他們的舉動。我明確地告訴你，一個人最糟糕的修養表現就是輕視與嘲笑別人。你要知道，三人行必有我師也，所以你要努力發現他們身上的優點，並且學習。

其實，這些人對你來說，也不是真的沒有幫助，至少可以提高你的外語程度。況且，他們來自不同的國家或地區，多與他們交流，可以得到很多有用的資訊，例如：他們國家的法律狀況、有哪些名門望族、政府機構由哪些部分組成，這些都需要你去瞭解，對你以後進入政府部門工作很有幫助。

沒有任何人可以精通所有知識，也沒有對任何事情都一無所知的人。作為一個聰明人，應該學會從每個交往的對象那裡獲得有價值的資訊。

再見！

第20封信：規劃自己的未來

如果你想要在其他行業有所建樹，事先就要下定決心做好充分的準備。首先，你要明白自己希望從事的工作需要具備什麼素質；其次，你要對自己進行審視，看自己是否已經具備這些素質。如果還有欠缺，就要趕快提升。

親愛的孩子：

對你的新年禮物，我十分期待。老實說，你越是用心準備這份禮物，它的意義就會越大，我對你的感謝之意也會隨之增加。其實，對我來說，最希望得到的禮物還是每年都可以看到全新的你，比上一年更有修養、更有見識、更有學識的你。

你說你不願意成為皇室隨從，可是又想有所作為，在大學擔任希臘語教師怎麼樣？這是一份很清閒的工作，得到的報酬也不低，而且不需要完全掌握希臘語（你現在的希臘語程度已經足夠）就可以勝任。如果你認為這份工作也不如意，我也不知道應該給你什麼建議。

現在，應該是你為將來規劃的時候。我希望你可以將自己的人生規劃毫無保留地告訴我，究竟想要從事什麼職業。只有在擁有明確的目標之後，才可以想出相應的對策，以便為日後的發展打下基礎。你說是不是這樣？

我從朋友那裡得知，你想要從政。如果真是如此，你大概想要成為我的接班人——國務秘書。無論你什麼時候來找我，我都願意把自己手上的事情交託給你。如果你想要在其他行業有所建樹，事先就要下定決心做好充分的準備。首先，你要明白自己希望從事的工作需要具備什麼素質；其次，你要對自己進行審視，看自己是否已經具備這些素質。如果還有欠缺，就要趕快

提升。

　　你必須對歐洲的古代史和現代史瞭若指掌；熟悉各國的語言和憲法，以及政府組織形式；瞭解各個強國的興衰史，並且知道興衰背後的原因；熟悉歐洲各國的國力、財力、商業貿易。掌握這些瑣碎的知識，需要花費你大量的時間，但是你必須去做，因為它們是政治家必須掌握的知識。就算你不想成為政治家，掌握這些有用的知識，對你的將來也沒有任何壞處。

　　此外，你還要利用閒置時間，學習一些其他的必要知識，以幫助你的工作，例如：你要善於控制自己的情緒，不因物喜，不以己悲；你要鍛鍊自己的耐性，這樣可以讓你耐心聽完別人輕浮而莽撞甚至無禮的要求，然後巧妙地回絕，注意用詞要貼切，不要讓對方沒有面子；你要學會巧妙地隱藏事實真相，但是不能借助說謊的手段；你要學會察言觀色；你還要學會表面上坦率真誠，其實內心有所保留。這些都是從政之前的入門課，社會將是你實戰的場所。

　　孩子，我會一直守護在你身邊，給你默默的支持和幫助，直到我完全放心為止。

　　再見！

　　1748年1月15日

　　於倫敦

第21封信：做到喜怒不形於色

　　我希望你在人際交往的時候控制自己的情緒，隨時保持冷靜的頭腦，做到喜怒不形於色，以杜絕別人從你的語言、行為舉止、臉部表情窺探你內心的真實想法。

　　親愛的孩子：

　　我想要向你介紹一種沒有惡意而贏得別人好感的技巧——私下讚美別人，或是當面說一些稍微誇大的奉承話。我在這封信的開頭向你介紹這種技巧，就是因為這種技巧最可以博取別人好感，可以幫助你在這個社會立足，並且不斷前進。然而，現在的年輕人朝氣蓬勃，認為這種技巧沒有什麼用處，直接拒絕學習。可是，我的人生經驗告訴我，這是一種非常有用的技巧，所以我不希望你像他們那樣，我要求你盡快學會這種技巧，並且可以靈活運用，否則等到你意識到其重要性的時候就太遲了。

　　接下來，我會給你講述更重要的人生經驗，那就是：控制情緒，學會掩飾。

　　在現實生活中，不能完全控制自己情緒的人太多了，他們經常會因為一些不愉快的事情而滿臉怒氣，或是在聽到對自己有利的消息時，無法隱藏內心的喜悅。我不要你像他們那樣，我希望你在人際交往的時候控制自己的情緒，隨時保持冷靜的頭腦，做到喜怒不形於色，以杜絕別人從你的語言、行為舉止、臉部表情窺探你內心的真實想法。想要達到這樣的程度，確實很困難。但是，如果你可以經常仔細觀察那些冷靜而理智的人在這個方面的表現，你就可能成為一個讓自己理智控制自己身體的人，而不是經常找藉口寬

恕自己情緒失控。

那些冷靜而理智的人，在發現自己被突然爆發的激情或瘋狂控制時，他們會盡可能告誡自己要冷靜，保持平和自然，至少不會在這種情緒沒有消除之前就輕易發表意見，進而曝露自己的短處。我最害怕和這種人談判，完全不知道他們在想什麼，也不可能透過挑釁讓他們露出破綻，或是透過觀察他們的神情變化而知道他們內心的真實想法。我最喜歡和那些不能控制自己脾氣和臉色的人談判，我對他們使用的談判伎倆每次都可以成功，最終讓他們受制於我，我也會取得圓滿成功。但是，在談判桌上像這種人太少了，他們都是一些老謀深算的對手。

你也許會問，當惡意的諷刺和譏笑或是挑釁把你激怒，以至於無法掩飾的時候，應該怎麼辦？首先，我不希望你以牙還牙，這樣只會讓你怒上加怒，最終讓自己毫無掩飾地裸露在別人面前，成為受害人。這個時候，自嘲是一種明智的做法：承認自己確實存在缺陷或過失，並且不要把對方的嘲笑當作是在針對自己。這樣一來，你心中的怒火會滅掉一大半，之後只要小心謹慎地掩飾憤怒，就會成為最終的勝利者。

你或許會反對我，認為我這是在教你欺詐。我承認多少有這個意思，但這是為了己方利益所採取的正當行為，況且沒有掩飾的談判就不是談判，而是交心。掩飾與故意欺騙不同，故意欺騙從本質上說就是錯誤的，與犯罪無異。培根先生將故意欺騙稱為「扭曲的或是左撇子的智慧」，只對那些真正的蠢人才有用處。另一位偉人曾經說：「掩飾是為了隱藏自己的底牌，故意欺騙是窺視別人的底牌。」就連博林布魯克伯爵也說：「故意欺騙是矛，它會刺傷對方，是一種不公正而非法的武器，罪不可恕。掩飾是盾，是為了嚴守秘密，避免自己受到傷害。」所以，不管你內心究竟有何想法，都要掩飾自己的情緒和臉色。

此外，你還要學會推己及人。即使一個人的外在表現各不相同，但是人類的本性還是非常相似的。所以，那些讓你感興趣而滿意，或是讓你討厭而

不愉快的東西，別人可能也會有同樣的感受。這就需要你透過關注自己的外在表現和動機，加深對別人的認識，以做到言辭巧妙，盡量不得罪對方。在我看來，因為自己的言語過失而跟人結怨，更是愚不可及。

　　再見！

第22封信：不斷充實自己

無論是天才還是普通人，都應該趁著青春還在，毫不吝惜自己的努力，儲存盡可能多的知識，不斷地充實自己。如果無法很好地做到這一點，不要說出人頭地，就是以後的前途和出路都有問題。

親愛的孩子：

如果你可以按照我的建議，繼續過著規律而節制的生活，你的身體就會一直保持健康。你現在正值年輕，擁有上帝賦予的強健體魄，即使你一邊放縱自己，一邊服用藥物，上帝還是會繼續給予你關愛和健康。但是對你的大腦，絕對不可以放縱，它現在正是需要你投入持久而充足的關愛的時候。現在，就算你只是短時間地用腦，不管正確與否，都會產生深遠的影響。你還要堅持體育鍛鍊，這樣可以讓你的頭腦保持清醒。

想要使自己的頭腦活躍而思維敏捷，只有接受良好的教育才可以做到。這一點，不需要懂得高深的腦科學就可以知道，只要仔細觀察「接受良好教育的頭腦和未接受任何教育的頭腦」之間的區別，就會知道它們的差異竟然這麼大。我深信，經過比較之後，你絕對希望自己可以擁有接受良好教育的頭腦，就算為此需要付出許多時間和精力，也是值得的。一個車夫出生時的頭腦，也許與密爾頓、洛克、牛頓一樣，可是密爾頓、洛克、牛頓接受良好的教育，所以他們人生的成就遠遠高於車夫，但是車夫只能一輩子趕車。

當然，我也不能排除，在這個世界上，確實有不需要接受任何教育就可以取得傲人成績的天才。可是這樣的事情，百年甚至千年難遇一次，所以人們不太會相信，而且如果這種人接受良好的教育，人生的成就一定會更耀

眼。如果莎士比亞的天賦可以更好地被栽培，在他的劇作中就不會出現連篇的廢話，那些為世人所稱道的篇章也會更精彩絕倫。所以，無論是天才還是普通人，都應該趁著青春還在，毫不吝惜自己的努力，儲存盡可能多的知識，不斷地充實自己。如果無法很好地做到這一點，不要說出人頭地，以後的前途和出路也有問題。

考慮你自己的處境吧！與別人相比，我不具備足夠幫助你成功的地位與財產。作為我唯一的本錢，我在社交圈到底還可以待多久，還是一個未知數。可是你要知道，將來你必須面對一個非常實際的問題：當你要步入社會時，我大概已經退休了。到那個時候，你可以用什麼作為依靠？我想，除了依靠你自己累積實力以外，其他事物都不要指望吧？因此，充實自己，不僅是你唯一的道路，也是你非走不可的道路。

我經常聽到身邊有人抱怨：我是一個如此優秀的人，也不比別人差，為什麼沒有得到應該有的回報？可是，根據我的觀察，事實並非如此。這些抱怨的傢伙在看待自己和別人的時候，總是戴著一副偏愛自己的有色眼鏡。或許我的想法有些武斷，畢竟確實存在被埋沒的人才，但是我堅持認為，只要是黃金就會發光，對於一個優秀的人來說，無論他處在何種逆境之下，都可以取得成功，只是程度不同而已。

為了不產生歧義，我要特別說明「優秀」這個詞語的含義，它是指有學問和見識並且有良好教養的人。一個優秀的人，首先必須要有學問，這是不言而喻的。關於學問與知識的重要性，我已經強調無數次。在這裡，我還要再說一句：無論自己的目標是什麼，如果沒有知識與學問的支持，這個目標只是海市蜃樓。

除了這一點以外，我還要強調其他兩點：一個是見識，另一個是態度。對於見識，我想要用一句話來形容：對任何人來說，如果孤陋寡聞而索然無味，將會步上寂寞的人生。關於「態度」，到目前為止，在各種做人的基本要素中，我還是第一次提到。在我看來，或許態度不是成功的第一要素，卻

是每個優秀的人不可缺少的美德。如果沒有良好的態度，即使擁有再多的學問與見識，也算不上是優秀的。此外，如果沒有良好的態度，即使是再容易得到的東西，也會變得難以獲得。其中的奧妙就在於：與別人交往的時候，最容易讓別人接受的，不是一個人的學問與見識，而是那個人的良好態度。

再見！

1748年4月1日

於倫敦

第23封信：打下牢固的知識基礎

如果你希望自己將來可以成為重要人物，受到其他人的關注，現在就要努力學習。沒有堅實的基礎知識，想要成為有才華的人，與癡人說夢沒有什麼不同。年輕的時候，辛苦努力打下基礎，日後終會得到回報。

親愛的孩子：

往後的兩年，對你來說非常重要，你要充分利用這段時間。如果你現在毫不在乎，每浪費一刻光陰，就等於給將來製造一份障礙，使你無法展現自己的優勢。如果你可以充分利用時間，就等於獲得更多的知識，為將來買一份保障。

你要在這兩年打下堅實的知識基礎，有這個基礎，就可以在上面建造宏偉的高樓大廈，想要蓋多高就可以蓋多高，否則根基不牢，大廈就很難建成。所以我懇請你，不要害怕吃苦，不要不捨得付出，你要盡快學習知識。希望你記住，出類拔萃的人才無法離開淵博的知識，否則只能做一個平庸的人。

想想你自身的情況：出身既不高貴，家財也不豐厚，並且在你學會在這個社會生存之前，我大概已經從這個社會隱退了。除了優秀的品格以外，你還可以依靠什麼？是的，除了各種優秀的品格，你一無所有。你要認識到：你的固定資產就是那些優秀的品格，你只有依靠它們才可以得到提升。

在這個社會中，確實存在一些品格高尚的人受到壓制，無法得到公正待遇的情況。但是據我所知，大多數潔身自愛而具有優秀品格的人，雖然也遇到不少麻煩，可是至少在某種程度上會得到回報。

我所謂的優秀品格，主要包括美德、學識、優雅的舉止。

有關美德的話，我就不多說了，每個人都知道，不用勞煩我來介紹。我只希望你相信，如果缺少這些優秀的品格，你不會過得快樂。

學識是我經常跟你提起的，相信你已經可以完全明白它的重要性。不管你以後從事什麼工作，都需要掌握豐富的學識。學識的涵蓋層面非常廣，人們的一生卻非常短暫，根本無法掌握所有學識，況且大腦也不可能吸收並且消化所有學識。所以，我只是告訴你一些需要經常用到的學識，並且透過在實踐中運用，就會更好地掌握它。

古典知識是指希臘文和拉丁文，我要求你必須掌握，因為廣義的「文盲」就是指那些不懂希臘文和拉丁文的人。我希望你現在已經基本掌握這兩種語言，如此一來，只要每天抽出一些時間進行複習就可以，兩年的時間足夠你完全掌握它們。

修辭學、邏輯學、幾何學、天文學，是你需要花費時間去學習的科目，我不希望你對每個學科都瞭若指掌，但是你要對它們有所涉獵。

考慮到你以後要從事的工作，我認為現代語言、歷史、年代法、地理學，以及各國的法律等知識，對你有很大的幫助。你必須會說各種現代語言，而且要達到當地人的熟練程度。如果一個人無法清楚而流利地用某種語言表達，在談話中，就無法佔據主動地位，也無法跟別人正常交流。法語對你來說，已經很熟練，但是不要因此疏於練習，要在日常生活中多加使用，法語程度才會每天都有進步。我猜測，現在你的德語應該也說得很流利，在你離開萊比錫之前，一定可以更熟練，我對你很有信心。

此外，我建議你學習義大利語和西班牙語。我相信學習這兩種語言不會佔用你太多時間，也不會讓你感到很困難。因為對那些瞭解希臘文和拉丁文的人來說，學習起來非常容易。

我把近三百年的歷史稱為現代史，應該成為你持之以恆學習的重要科目，特別是那些與歐洲各大強國關聯緊密的部分。在學習現代史的過程中，

你還要學習年代法和地理學。這樣一來，你就可以清楚地知道某個重要歷史事件發生的時間和地點。如果不這樣做，學習之後很快就會忘記。地理知識在短時間內就可以掌握，但是要牢牢記住，就必須下一些功夫。

雖然我把優雅的舉止放在最後才說，但是你不要以為它不重要，它是構成一個人的優秀品格不可或缺的部分，也可以為一個人的美德和知識增添光彩。你要記住，敏銳的判斷力需要優雅的舉止來輔助提升，這會為你帶來數不盡的好處。

兩年以後你將要踏入社會，一定會接觸到形形色色的人，難免不被一些事務纏身。那個時候，你想要學習新的知識，就沒有那麼多時間和精力。即使你可以對自己的時間進行有效合理地規劃，留出一部分用來繼續學習知識，但是已經沒有足夠時間來給你重新打基礎。我相信，你可以完全明白我說這些話的含義，並且可以做出正確的判斷。

孩子，為了你的將來，千萬不要浪費時間，對你來說，每時每刻都異常珍貴。你以後是否可以立足於社會，是否可以做出一番事業和取得良好名聲，都取決於你在往後兩年中是否珍惜時間。如果你可以接受我的建議，充分地利用時間，就可以實現你的願望，完成你想要做的事情，也可以得到你想要的一切。如果你隨意揮霍，我不知道你還可以做出什麼事情？

如果你希望自己將來可以成為重要人物，受到其他人的關注，現在就要努力學習。沒有堅實的基礎知識，想要成為有才華的人，與癡人說夢沒有什麼不同。年輕的時候，辛苦努力打下基礎，日後終會得到回報。

再見！

1748年5月27日

於倫敦

第24封信：與上司和長輩從容地交流

對初入社交圈的年輕人來說，在與上司或長輩交談時，表現得從容十分重要，會讓長輩或上司覺得你是一個有教養和內涵的人。

親愛的孩子：

我聽說你在這次宮廷之行中，表現得相當出色，受到波蘭國王的讚賞。這是我希望看到的，表示你的品格優秀，受人敬重。對一個想要成為時尚人士的人來說，這是必不可少的。

只受過低等教育的人，無法承受比他們優越的人的恩寵。當他們與比自己優越的人交談時，會因為缺乏才智而驚慌失措，又會因為受寵若驚而笨拙無禮，不知如何是好。可是，受過良好教育而有教養的人，在與比自己優越的人交往時，絕對不會手足無措，他們知道如何不會露出緊張神情，如何表達敬意。即使是受到國王的召見，他們也可以從容地談論各種話題。

對初入社交圈的年輕人來說，在與上司或長輩交談時，表現得從容十分重要，會讓長輩或上司覺得你是一個有教養和內涵的人。然而，我看過很多受過正統教育（念完中學和大學）的英國人，當國王接待他們的時候，卻依然不知所措。如果國王和他們面對面地說話，他們會顯得更不安，渾身發抖，只知道把手插在口袋中玩弄，甚至連國王說什麼話都沒有聽清楚。他們總是顯得過度緊張，結果導致帽子掉在地上，又不好意思撿起來。總而言之，他們總是讓自己陷於手足無措而尷尬萬分的處境。

一位有良好教養的上級，在和下級交流的時候，從來不會居高臨下而盛氣凌人；在和自己的上級交流時，也會從容不迫而彬彬有禮；就算是在國王

面前，他們也會應對自如，有時候還會開一些親暱卻不失尊敬的玩笑；與同輩聊天，不管是曾經認識的還是剛認識的，他們總是選擇大眾化的話題，表現得輕鬆自如。

再見！

1748年5月31日

於倫敦

第25封信：勇於接受別人的批評

在你的一生中，難免會受到許多來自親人、朋友、上司的批評，我希望你一定要認真地對待。這些人都是和你關係親密的人，他們當然知道批評的聲音會讓你掃興，然而他們還是堅持說出來，正是表現他們對你無私的愛。想要成為一個優秀的人，就要勇於接受別人的批評，以便自我完善。

親愛的孩子：

每個人都希望聽到讚美和肯定，不希望聽到批評和否定。很多人聽到批評指正的話，就會眉頭打結，不愉快的表情也會立刻呈現在臉上。可是靜下心以後，仔細思索一番，就會發現批評和指正實在是難能可貴。因為每個人都不是完美的，都有一些缺點，但是每個人又在追求完美，建設性的批評就是發現缺點並且幫助我們趨向完美的最好方法，應該受到歡迎。

所以，你要學會認真對待別人的批評。這不是表示所有批評都是有建設性的，也有一些批評具有攻擊性。或許攻擊你的人心存不良，但是其批評的事件卻可能是真實存在的。如果他們的批評可以使你改正錯誤，對你來說，也不是一件壞事；如果他們的批評毫無根據，純粹是一種誣衊，你也不必為此大動干戈，可以一笑置之。

每個人都希望得到別人的重視，都希望得到別人的理解和認同。如果你聽到一些批評指正的話，就覺得他們不能正確地理解自己，委屈萬分甚至怒氣衝天，只會使你的親人和朋友不敢再指出你的缺點和錯誤，進而選擇稱讚或是沉默不語。其實，有時候來自反面的批評會顯得更重要，因為別人的觀點比自己的觀點更客觀，更接近於實情。

孩子，你一定要謹記一條諺語：沒有人會踢一隻已經死的狗。所以，在你邁向成功的道路上，一定會遇到很多有敵意的攻擊性批評。其中不乏一些批評確實指出你在某個方面的缺點，更多的是無中生有和帶有惡意的人身攻擊。仔細想想你就會明白，他們之所以如此惡言中傷，是因為他們認為你在某些方面超越他們，甚至威脅到他們的切身利益。

世界上有許多人對那些取得偉大成就的人不是由衷地讚美和佩服，而是惡語相加和蓄意攻擊。這樣一來，他們就可以在這種諷刺或詆毀中，得到一些心理上的滿足。孩子，對於這種惡意的批評，你完全可以不必理會。不公平的甚至惡意的批評，通常是一種偽裝的恭維，因為從來不會有人去踢一隻已經死的狗。

孩子，在你的一生中，難免會受到許多來自親人、朋友、上司的批評，我希望你一定要認真地對待。這些人都是和你關係親密的人，他們當然知道批評的聲音會讓你掃興，然而他們還是堅持說出來，正是表現他們對你無私的愛。

總之，想要成為一個優秀的人，就要勇於接受別人的批評，以便自我完善。

再見！

第26封信：隨時審查自己的態度

　　每個人都有惰性，習慣於接受別人的意見，不願意自己動腦思考，得出公正而正確的結論。在面對新事物的時候，剛開始會選擇人云亦云，然後由於自己也這麼說，就堅持這種看法，所以總是出現偏差。

　　親愛的孩子：

　　我不止一次向你推薦雷斯樞機主教的《回憶錄》。在這本書中，雷斯樞機主教對政治問題的思考，值得你仔細研究。我現在就從裡面選出幾點和你探討吧！

　　在巴黎動亂時期，雷斯樞機主教經常讓博福特先生應付民眾。博福特先生很受歡迎，他自己經常以此而感到驕傲。他樂意讓巴黎人民聚集在一起，以感受人們對他的喜愛之情。但是雷斯樞機主教卻不希望這樣，他總是盡量避免聚集群眾，除非萬不得已。即使雷斯樞機主教是一個非常聰明的人，但是卻無法阻止博福特先生每次聚集群眾的行為。有一次，博福特先生為了感受自己在群眾中的重要性，在沒有任何原因的情況下，把群眾召集在一起。結果場面失控，演變成一場暴亂，造成極大的不良影響。

　　關於這件事情，雷斯樞機主教說：「博福特先生事先沒有想到自己的行為會引發一場暴亂，但是聚集在一起的人數太多了，難免會相互慫恿，做出一些事情。也許有時候會做出好事，但是大多數情況下都是壞事。一群人圍在一起，安靜的個體很容易迷失方向，變得暴躁。此時，只要有一個領頭人稍微鼓動，他們就會跟著做出一些壞事。即使沒有領頭人，他們也會沒事找事。所以，位居高層的領導人應該保持謹慎，盡量不要把民眾召集在一起。

況且，頻繁地把民眾召集在一起，他們的敵人也會如此，沒有那麼多顧慮。如果細緻地分析民眾聚會，就可以發現，人們狂躁和衝動的程度與參加集會的人數成正比。聚集的人數越多，人們的理智和判斷力就會越差，彼此之間的狂熱情緒就會蔓延得越快，即使平時表現得再冷靜的人，也會跟著做出一些壞事。」

雷斯樞機主教還有一個說法非常有道理，他說：「面對兩個差不多的事件，不同的是：一個是書中寫的，一個是真實發生的，人們往往對前者的反應比較激烈，例如：當卡利古拉（羅馬帝國的一位暴君）當眾任命自己的坐騎當執政官的時候，羅馬人民表現得非常淡定，因為他們已經習慣統治者的驕奢淫逸。然而，當後人從書中讀到這樣的故事時，卻感到非常氣憤。」

確實是這樣。人們在閱讀列奧尼達、科德魯斯、庫爾提烏斯的英雄事蹟時，總會發出無盡的感慨。但是，聽說一位船長為了維護民族尊嚴，帶著全船的船員一起沉入海底的英雄事蹟，卻沒有那麼驚奇。我自己也是一樣，每次在書上讀到波塞納（古羅馬的克魯西姆王，以英明君主和文韜武略著稱）和雷古魯斯（古羅馬的一位將軍）的事蹟時，心中總是洶湧澎湃，但是親眼目睹衛兵對謝福德執行死刑的時候，我卻沒有被感動。你要知道，謝福德是為了國家而去行刺國王，他的死重於泰山，與雷古魯斯的豐功偉業相比，毫不遜色。但是，就是因為這件事情發生在身旁，我就產生偏見，覺得他只是一個囚犯，古代的雷古魯斯則是英雄。

所以，我希望你可以隨時審查自己對每件事情的態度，是否受到慣性思維和各種偏見的影響，然後再重新衡量這些事情，並且得出公正而正確的結論。每個人都有惰性，習慣於接受別人的意見，不願意自己動腦思考，得出公正而正確的結論。在面對新事物的時候，剛開始會選擇人云亦云，然後由於自己也這麼說，就堅持這種看法，所以總是出現偏差。

雷斯樞機主教的第三個觀點，也是我在這封信中和你討論的最後一個觀點：「在一群人之中，某個人的秘密總是很難保守，在很短的時間內，就會

成為這群人之中的公開秘密。」這裡所說的秘密，是指那些大家比較重視的事情，當事人絕對知道守住秘密的重要性。但是，如果他向自己的親人或是自認為信得過的朋友透露以後，再想保守這個秘密就很困難，因為他們保守秘密的能力脆弱得超乎想像。所以，秘密還是當事人自己知道就可以，不要說出來。

再見！

1748年9月13日

於倫敦

第27封信：著裝是性格和品味的表現

一個有品味的人，總是盡量避免穿著彰顯個性的奇裝異服，經常保持服裝的整潔。他會根據不同的場合選擇如何著裝，一如時尚中人。

親愛的孩子：

在柏林，你將首次亮相社會的舞台，我迫不及待地想要看到你成功的模樣。即使對於一位新演員的缺點，觀眾總是可以表現出寬容大度，但是他們依然會習慣性地根據第一印象來評判他將來是不是好演員。如果這個演員對自己的台詞深有感觸，表達得體；如果他仔細揣摩自己的角色，表現得從容適當；如果他始終都希望可以為觀眾帶來享受，觀眾也會原諒他在表演上微小的過失，認為那是他由於年輕缺乏經驗所致，甚至會認為這是純樸的表現，並且還會聲稱有朝一日他一定會成為優秀的演員。事實也確實如此，很多著名的演員就是在這樣的鼓勵下成為藝術家。

我希望你也可以如此。你是一個聰明人，絕對明白自己所演角色的內涵。至於演技，你可以仔細觀察那些最好的演員，學習他們的表演技巧，使自己的表演準確到位。這樣一來，你絕對可以成為一位優秀的演員，即使無法超過前輩，也會距離他們不遠。

在社會的舞台上，千萬不可以疏忽對著裝的要求，要引起特別的關注，因為很多人（包括我）經常會從一個人的著裝來判斷他的品味和性格。在我看來，著裝上的缺失就是能力上缺陷的表現。在英國，許多年輕人想要透過著裝來展現自己的個性，例如：有些人為了讓自己看起來高大威猛，會經常戴著巨大的向上捲起的三角帽，腰間配一柄長劍，身穿小馬甲，繫黑色領

結。這樣著裝的人在我看來，不僅無法顯現威猛之氣，反而讓自己顯得更軟弱。還有一些人，總是穿著棕色的工裝和皮短褲，手持橡木短杖，帽子歪戴在頭上，頭髮蓬亂，一副馬夫和鄉巴佬的打扮。我想，他們不僅外表酷似下等人，修養也是如此。

　　一個有品味的人，總是盡量避免穿著彰顯個性的奇裝異服，經常保持服裝的整潔。他會根據不同的場合選擇如何著裝，一如時尚中人。他知道，如果穿得太過講究，會顯得招搖自大；如果穿得太隨便而邋遢，會顯得疏忽大意，這都是不可原諒的。當然，如果要在這兩者中選擇一個，我傾向於前者，其對一個人的危害比較輕。

　　隨著年齡和經歷的增長，人們對著裝的要求會慢慢減少，這是由一個人的精力衰落所致。如果一個人到了20歲還不注重穿著，到了40歲，他就會變得邋遢不堪，到了50歲，就會到處惹人討厭。

　　著裝應該與周圍的人相稱，如果你周圍的人衣著華麗，你也要講究一些。如果他們穿得樸素，你也要樸實一些。但是無論如何，衣著都必須合身，做工講究，否則穿在身上，只會讓你顯得笨拙而尷尬，給別人留下壞印象。

　　此外，在衣著方面還要注意的是：當你身著華服而盛裝出行時，就不要再花費心思去想它，因為總是關注自己的著裝，會讓你錯誤地認為自己的衣著與出席的場合格格不入，像平常一樣從容自然就可以。

　　關於著裝，我就說這麼多。在上流社會，這確實是非常重要的問題，你必須清楚地認識到這一點。

　　再見！

　　1748年12月30日

　　於倫敦

第28封信：消費是一門學問

　　消費是一門學問，如果你不能掌握這門學問，不能細心地使用金錢，經常買回許多沒有用的東西，即使擁有再多的金錢，也會一事無成。反之，如果你可以掌握這門學問，懂得合理地管理錢財，開源節流，經常把它們用在「刀刃」上，而不是買回許多沒有用的東西，即使只有一些金錢，也可以為你做很多事情。

　　親愛的孩子：

　　由於在你還沒有工作之前，你的所有開銷都必須仰仗於我，所以我覺得有必要對你解釋我對你的金錢使用計畫，並且衷心希望這封信可以使你花錢的方式和途徑相對地有所變化。

　　對於你的學習和交際，這些都是必須的花費，我不打算節省，即使一毛錢也不會。學習方面需要的費用包括：買書的錢，聘請優秀家庭教師的錢，還有為了向學識豐富的人求教而到各地旅行的費用——主要有住宿費、交通費、服裝費、請人協助的費用。

　　我認為交際費也是必要的，與人們交際的費用包括：參觀某項活動的費用、必要的遊樂費用、其他突發性的費用。當然，我只負責給你和那些「有智慧的人」的交際費用。

　　此外，還有一些不常用的額外費用，例如：給慈善機構的募捐費用（順便提醒你，不要被那些巧立名目的慈善募捐欺騙），贈送給曾經照顧你的人的禮物和紅包費用。

　　我絕對不願意也不會為你支付的費用是：低俗的消遣與揮霍，因為無

聊的打架而賠償的金錢，因為懶惰和浪費時間所必須付出的金錢……你要知道，無論是金錢還是時間，聰明人都不會虛擲一分一秒，他們會把所有的錢都花在那些可以給自己或別人帶來理性的快樂和有價值的事情上。可是愚者不一樣，他們經常會把金錢花費在一些沒有用的東西上。他們無法抵擋玩具店的誘惑，總是喜歡買一些鼻煙壺、手錶（原本就有一支）、拐杖等沒有用的東西。他們容易受到店主或店員的矇蔽而把錢花出去，但是在真正必要的事情上反而不願意花錢。

消費是一門學問，如果你不能掌握這門學問，不能細心地使用金錢，經常買回許多沒有用的東西，即使擁有再多的金錢，也會一事無成。反之，如果你可以掌握這門學問，懂得合理地管理錢財，開源節流，經常把它們用在「刀刃」上，而不是買回許多沒有用的東西，即使只有一些金錢，也可以為你做很多事情。

在這裡，我會教你幾個有關消費的技巧，希望對你有所幫助。

首先，我建議你最好用現金支付各項費用，不要記帳。而且，可以自己親自付款，就不要委託別人代付。因為如果委託別人代付，他們可能會收受回扣，或是要求你贈送禮物。有一些東西，例如：肉、飲品、衣服，不得不記帳，一定要每個月按時結帳，並且要親自去付帳。

第二，平時購物，千萬不要因為價格便宜而買回自己不喜歡或不需要的東西，這不是節省，而是浪費。更不要為了滿足可笑的虛榮心，買一些奢侈的東西。

第三，我希望你找一個專門的筆記本，詳細地記錄你的全部收入和支出。這樣一來，你對金錢的出入就會有據可查，就不會把錢花得精光。對待金錢應該精打細算，但是不要過分斤斤計較，像你平時的交通費和買電影票的錢，就不需要詳記。如果這麼瑣碎的事情都要記錄，不僅是浪費時間，還會使你在無意間變成一個守財奴。孩子，有一點你要記住，無論是經濟方面，還是生活中的其他方面，有些細節不必斤斤計較，你應該把精力放在重

要的事情上。

第四，一般說來，擁有判斷力的人可以比較準確地把握事物的本質，缺乏判斷力的人容易一葉障目。他們就像帶著顯微鏡看東西一樣，往往會誇大某些方面，將跳蚤稱為大象。小東西被放大以後還可以看得見，但糟糕的是，真正大的東西被放大以後反而會變得模糊。例如：有些人在金錢上過於小氣，經常為了一些金錢，與別人發生糾紛。他們在不知不覺之間，被別人稱為守財奴，這是最要不得的事情。還有一些人不切實際，希望擁有與自己的收入不相符合的奢侈生活，因而遺失一些自己能力所及的範圍內的「重要東西」。

一個理智健全而堅強的人，最大的特點就是可以把握事物之間的界限。這些界限十分微妙，粗俗的人往往看不出來，只有擁有足夠品味和理智的人才可以區分。

孩子，對於自己能力所及和能力所不及的範圍，你應該非常瞭解，但是我希望你可以多留意這個模糊的界限，以使自己可以更清楚地加以區分。你要不斷地努力，我也會請別人從旁協助你，幫助你進入人生軌道。也許真的有人善於「走鋼索」，但是可以在能力範圍的界限內走得很安穩的人卻很少見，所以有人幫助你，我更放心。

再見！

1749年1月10日

於倫敦

第29封信：信仰是心靈的支柱

每個人都要堅定自己的信仰，一個人可以反對宗教，但是絕對不可以反對人們的信仰。一個合格的社會人，應該有崇高的人生追求，努力做到高風亮節，以使每個人景仰。想要做到這些，就必須隨時牢記：勿以善小而不為，勿以惡小而為之。這樣的人生，才有真正的價值。

親愛的孩子：

你要知道，只有一個人的信仰是正確的，它才可以幫助這個人發展能力、增強精力、提高尊嚴、穩固品格、增進利益，並且拓展其成功的途徑。只有在靈魂崇高的旅程中，正直的品格才不會被超越，心靈才不會受到汙染。

每當考慮到這些，我就不能停止對你完善人格的思考，也不斷地檢查自己的措施是否有效。在很長一段時間內，我都無心考慮其他事情，只是關注你性格中的瑕疵或汙點。

現在，你一步一步地走向成熟，一步一步地走向人生的舞台，但是我完全無法想像你步入社會以後的模樣，因為我不是一個全知的先哲。孩子，我要提醒你一點，人們對你的第一印象具有決定性作用，一個人在別人眼中的第一印象至關重要。

作為一個社會人，我們可以沒有富足的金錢，可以沒有成功的事業，可以沒有許多東西，但是絕對不能沒有堅定的道德信仰和正義感。每個人都要堅定自己的信仰，一個人可以反對宗教，但是絕對不可以反對人們的信仰。一個合格的社會人，應該有崇高的人生追求，努力做到高風亮節，以使每個

人景仰。想要做到這些，就必須隨時牢記：勿以善小而不為，勿以惡小而為之。這樣的人生，才有真正的價值。

　　自古以來，許多著名的政治家、文學家、哲學家都有自己堅定的信仰，而且為了這個信仰，他們可以拋棄一切，甚至是寶貴的生命。可以說，他們完全為了自己的信仰而生存。我不是要求每個人都要像偉人那樣對信仰執著與堅定，但是我們這些平凡人也要有自己的道德信仰，有心理道德的底線，有正義感和良知，有一個明確的是非善惡與美醜好壞的觀念，這些都是做人必須具有的基本信仰。

　　愛，自古以來就是全人類共同的信仰。只有愛的信仰，才可以產生外物無法比擬的力量；只有愛的力量，才可以摧毀困住人類心靈的枷鎖；只有愛的力量，才可以衝破懷疑與仇恨的圍牆。

　　愛是黎明之前的曙光，是發自內心的呼喊，可以使一個人信心百倍地去創造事業。歷史上，任何成就都是愛的勝利。沒有愛，就沒有任何偉大事業。一個人如果沒有愛，就會在平庸中度過一生，只有得到愛的認同，才可以達到成功，創造奇蹟。

　　愛是美與善凝聚的精華，愛的潛在力量超過金錢與權力。只要擁有愛，無論處在什麼環境裡，都會有所作為。愛是成功的泉源，只有真正地將愛付諸行動，才是邁出成功的第一步。

　　我認為，在所有的道德、責任、信仰之中，正義感是最重要的。人類因為愛而變得崇高和偉大，但是要真正地擁有崇高和偉大的愛，就要有充滿正義感的美好心靈。

　　人類追求國家和平與生活完美，但是在現實世界裡，我們所期望的完美並不存在。相反的，隨著科學進步，人類的精神文明卻朝著墮落的方向發展。尤其是當今社會，是一個物質的社會，金錢幾乎遮蔽所有尋找光明的眼睛，物質幾乎汙染所有聖潔的心靈。

　　因此，我們不可否認，醜陋的東西和邪惡的犯罪正在逐漸增多，它們已

經向人類伸出魔爪。在這個物欲橫流的社會，作為一個優秀而有責任感的男人，應該義無反顧，勇敢地與邪惡鬥爭到底。

孩子，無論你將來從事什麼職業，都要下定決心，切忌為了金錢而拋棄或摧毀生命中最高貴和最優美的成分——美德。你要利用各種機會，灌注「美」於人類的生命中。無論你從事何種職業，只要可以保持生命中的美德，你的生命就會被淨化、被提高、被豐富。只有喜歡美的東西，你的生命才會有美的成分，你的行動才會顯露美的理念。美的心靈可以使你成為藝術家，而不僅僅限於學得某種技藝。

只有經常將人性中美好的東西作為我們的追求目標，才可以清除我們靈魂的缺陷與醜陋，才可以讓靈魂永恆。如果我們珍惜所有高尚的情感，我們對生命的感激和對自己的熱愛就會變得美好和清晰。只有把自己完全奉獻給完美、純潔、真實的事物，我們才可以造就偉大的人格。

親愛的孩子，最後送給你科爾頓曾經說過的一句話：「有意義的人生，只能有一種追求，就是至高無上的追求，就是對美德的追求。」

再見！

第30封信：用心欣賞藝術作品

雕塑和繪畫正是人們所謂的人文藝術，它們蘊涵創作者無盡的想像力和敏銳的洞察力。所以，在欣賞雕塑或繪畫作品時，一定要深入領略那些雕塑家和畫家的思想精髓，才可以察覺到那些雕塑都被雕塑家賦予生命，那些畫布都被畫家注入生機，它們就是許多幅人心表現圖。

親愛的孩子：

在威尼斯遊學期間，你需要對當地的政治形勢進行全面瞭解，這樣對你以後的事業有幫助。為此，你可以透過多閱讀一些相關書籍和向當地人請教來獲取資訊。

威尼斯有許多古代的遺跡和偉大的作品，這些東西都值得你特別關注。

我猜想，那些在威尼斯遊學的人也會參觀這些遺跡，但是如果只是走馬看花地瀏覽，當別人問起的時候，你只能說自己已經看過，而不能說出其中的奧妙之處，就失去遊覽的真正意義。我希望你不要這樣做，應該以另一種眼光來審視這些東西，就可以感覺到自己彷彿是在欣賞一首美麗的詩歌。況且，從本質上說，它們確實就是詩歌的同類藝術。

雕塑和繪畫正是人們所謂的人文藝術（威尼斯的雕塑和繪畫，完全可以被稱為高雅的藝術），它們蘊涵創作者無盡的想像力和敏銳的洞察力。所以，在欣賞雕塑或繪畫作品時，一定要深入領略那些雕塑家和畫家的思想精髓，才可以察覺到那些雕塑都被雕塑家賦予生命，那些畫布都被畫家注入生機，它們就是許多幅人心表現圖。同樣的，你還可以研究人物之間的相互關係，以及相關年代的服裝和風俗。

我認為，雖然音樂也是高雅的人文藝術，但是無法與雕塑和繪畫相提並論，更無法位居它們之上。可是，現在的義大利卻將音樂的地位擺在雕塑和繪畫之上，可見這個國家的藝術正在衰落。

在威尼斯，有許多偉大的畫家，例如：提香‧維伽略、保羅‧委羅內塞。不管是在私人宅邸還是在教堂中，你都有機會欣賞到他們的優秀作品，例如：在聖喬治教堂中，收藏保羅‧委羅內塞的《利未家的宴會》和提香‧維伽略的《佩薩羅聖母》，對這些名畫你都要用心欣賞。在我看來，繪畫與雕塑總是與歷史和詩歌聯繫在一起，可以提高一個人的品味，愛好拉琴與吹笛子只會引起素質低下之人的追捧，降低自己的欣賞品味。

你必須在威尼斯逗留期間將義大利語學好，至少可以大致聽懂義大利人說話，可以開口說一些更好，對你接下來遊學羅馬和那不勒斯很有益處。義大利出現許多傑出的歷史學家，他們翻譯大量古希臘和古羅馬作家的作品。此外，值得你詳細瞭解的還有兩位詩人——亞里斯多德和塔索，他們的才華是義大利有史以來最出色的。

再見！

1749年6月22日

於倫敦

第31封信：工作和娛樂相輔相成

工作和娛樂是相輔相成和相互促進的，一個人如果不辛勤工作，就無法體驗真正的生活樂趣；一個不懂得生活樂趣，只知道埋頭工作的人，也不會做出什麼大事。

親愛的孩子：

讀完你的來信，我對你的病情和接下來的行程安排有詳細的瞭解。

關於你罹患的疾病，現在我不得不相信醫生的診斷。根據診斷顯示，你的肺部沒有什麼大礙，只是小毛病，真正需要提防的是你罹患的風濕。但是為了保證萬無一失，你還是要多注意肺部，就像前些日子生病那樣注意。根據我的瞭解，多吃一些涼性食物對肺部有好處。但是你要注意，涼性食物不是那些吃到嘴裡冰涼的東西，而是在藥理上具有清熱、瀉火、解毒等功效的食物。在一個人覺得非常熱，想要給自己降溫的時候，喝一杯冰涼的飲品，是最要命的。適當吃一些水果，則是有益健康。請注意，我說的是適當。有些人認為多吃水果無害，結果大吃特吃，以至於罹患痢疾，危害身體健康，甚至丟掉性命。孩子，你要懂得適可而止的道理，這是做任何事情都要遵循的準則，也是你們年輕人最容易忽略的準則。

至於你接下來的行程安排，我很滿意。我非常贊同你去維洛那，而不是威尼斯。威尼斯雖然是一座「水城」，但是環繞威尼斯的水的循環流動性差，這個季節很容易汙染空氣。維洛那的空氣則要清新很多，並且那裡也不乏一些優秀人士，例如：瑪菲侯爵。

到了九月中旬，天氣會慢慢涼爽起來，我猜想，你會選擇這個時候離

開維洛那，前往那不勒斯。在那不勒斯期間，你依然要多注意自己的肺部，防止舊病復發（我希望這個情況永遠都不會發生）。在維洛那，你應該抽出一些時間去看看那裡的圓形競技場。此外，那裡還有許多安卓‧帕拉底歐（1508年～1580年，義大利文藝復興時期著名建築理論家和建築師，被譽為西方建築史上最有影響力的建築理論家之一）的傑作，也值得你一看。看完這位大師的著名建築，你可能要花費幾天的時間，但絕對是值得的，你會學到很多那個時代在建築方面的知識。你也可以閱讀安卓‧帕拉底歐的建築學專著，閱讀的時候，裡面所說的關於建材和水泥的使用方法等技術性的內容，可以跳過。

從朋友那裡我得知，你會經常複習已經學過的古典知識，以防止自己遺忘。我贊同你的做法，但是你還有很多知識要學，也有很多事情要做，所以我希望你不要在這個方面花費太多時間，每天兩個小時就足夠，況且你在這個方面的知識已經有一個不錯的基礎，只要這樣堅持幾年，就可以融會貫通。

你必須熟練地使用義大利語，不管是說還是寫；你必須對邏輯學、幾何學、天文學有所研究。但是，我認為你最應該學習的還是關於這個社會的知識。當然，這種知識不可能在短時間內學會，需要廣結善緣和多交朋友，才可以有所領悟。

孩子，你要學習的東西還有很多，所以你應該知道你現在的每分每秒都是異常寶貴的。你要知道，現在越是珍惜時間，把它們用在一些有意義的事情上，將來就可以收穫更多的快樂。如果你白天因為學習而感覺疲倦，晚上可以參加一些娛樂性的活動加以調節，這樣一來，不僅可以讓你學習到更多的社會知識，還可以使你第二天神采奕奕，就像白天的運動可以促進晚上的食欲一樣。

工作和娛樂是相輔相成和相互促進的，一個人如果不辛勤工作，就無法體驗真正的生活樂趣；一個不懂得生活樂趣，只知道埋頭工作的人，也不會

做出什麼大事。請你注意，我所說的生活樂趣，不是一個低俗的人追求的那種樂趣，而是指一個高雅的人所追求的樂趣。

　　高雅的人在追求生活的樂趣時，不會暴飲暴食和酗酒，玩樂但是不賭博，風流但是不下流。做任何事情，他們都有自己的行事原則，以保證可以真正享受歡樂，又不會給自己帶來「危險」。一個人如果無法領悟享樂的真正含義，選擇錯誤而低級的方式，就會受人輕視，名譽掃地，同時讓自己的身體受到傷害。

　　再見！

　　1749年8月7日

　　於倫敦

第32封信：贏得別人的尊重

禮儀對於一個缺少社會生存知識的初入者來說，是完全必要的。事實上，它對每個人來說都是必要的。它可以促使你尊重別人，也可以讓你得到別人的尊重。

親愛的孩子：

我和你一起探究社會生活知識，這對你來說意義重大，不僅可以讓你掌握更多的社會生存經驗，對你瞭解別人和提升自己也有很大幫助。

現在，很多父母都覺得和孩子一起探究社會似乎是多餘的，在他們看來，傳授孩子社會生存知識最好的辦法就是直接將孩子放到社會中。從某種意義上說，這個觀點也沒有什麼問題，畢竟僅僅依靠理論學習，絕對無法透澈地認識社會，想要認識社會，就必須投入其中。但是我不這麼認為，我甚至認為這是一種不負責任的表現。因為如果父母可以在孩子步入社會之前，就根據自己的社會生活知識，勾勒出一張地圖送給他們，勢必會讓孩子減少很多坎坷與艱辛，意義絕對重大。

禮儀對於一個缺少社會生存知識的初入者來說，是完全必要的。事實上，它對每個人來說都是必要的。它可以促使你尊重別人，也可以讓你得到別人的尊重。

不區分場合地當眾嬉鬧喧譁，不時大笑，講一些低俗的笑話，做一些讓人難以接受的滑稽動作，看到誰就和誰拉關係，都會讓一個人的德行受到影響，甚至會讓他遭到眾人的嘲笑和鄙視，更不可能贏得別人的尊重。我可以肯定地說，如果一個人堅持如此行事，給自己帶來的只會是無數的麻煩和別

人鄙視的眼神。

在我看來，不顧別人的感受，喜歡當眾開別人玩笑的人，與小丑沒有什麼區別。這種人也許在某些方面非常有才華，卻絕對不是真正的聰明人。人們之所以與他們交往，如果不是仰慕他們的才華，極有可能是想要利用他們，例如：舉辦宴會的時候，請他們去調節氣氛，或是請他們去陪酒。這樣看來，人們對他們表現出來的尊重只是表面的，而不是發自內心的。

以禮待人，我曾經多次強調。我之所以這樣做，就是因為禮貌可以為人贏得自尊。這種自尊與自負有根本的差別，就像真正的勇敢與莽撞之間的差別，或是睿智與滑稽之間的差別。自負最可以貶低一個人。一個自負的人，往往妄自尊大。對此，人們只能以嘲笑蔑視對待。就像我們在買東西的時候，如果某個商販開價高得離譜，我們在砍價的時候，也會砍得驚人。但是如果某個商販開出的價格物有所值，我們砍價的時候就不會無理取鬧，甚至還會不砍價就按價付帳。

獻殷勤式的阿諛奉承，不堅持原則就人云亦云，隨便的批判，沒有節制的爭論，都會影響別人對自己的尊重。如果謙虛地表達自己的見解，或是彬彬有禮地指出別人的錯誤，就可以得到別人的尊重。

一個人如果談吐粗俗，舉止不雅，沒有修為，只會給人留下缺乏教養的印象。如果一個人表情與舉止始終保持端莊，就可以為他贏得別人的尊重。

與別人交往的時候，保持一定的微笑很重要，但是臉上經常浮現傻笑，就會給人留下壞印象。身體亂動，晃來晃去，坐沒坐相，站沒站相，人們會認為這個人很輕浮。做事的時候，總是像無頭蒼蠅一樣忙碌和慌張，毫無條理，只能說明他無法勝任所做之事。但是，抓緊時間做事與匆忙做事有天壤之別。

以上這些，都會貶低一個人的品格，損害一個人的尊嚴。在你進入社會之後，都應該有所注意。當然，我所說的只是其中一些，沒有完全指出來。所以，你平時還要多閱讀一些相關的書籍，豐富自己的知識，提高自己的素

養，以贏得別人的尊重。

再見！

1749年8月20日

於倫敦

第33封信：把自尊心放在首位

只有把自己的自尊心放在首位，才會使認識你的人對你懷有尊敬之意。只有受人尊敬，別人才會給你的道德情操和價值觀崇高的評價。

親愛的孩子：

自尊心就像環繞在我們身邊的空氣，是我們幸福生活不可或缺的元素之一。自尊心和生命共存，如果一個人沒有自尊心，幾乎就不能說他還活著，這就是自尊心的價值。

我聽說你期待已久的宴會上個星期結束了，雖然度過一段愉快的時光，但是那場宴會竟然成為你最近新認識的一位朋友出醜的場所。對此，我深感遺憾。雖然給大家帶來出乎意料的驚喜和快樂是一個不錯的做法，如果是以降低自己的品格和不顧自己的尊嚴為代價，即使給別人帶來歡愉也是不可取的。顯而易見，你的朋友在那天的表現就屬於此列。

在那次宴會上，你的這位朋友的表現大概有些譁眾取寵吧！就像你所說的，他原本指望自己玩弄的把戲可以讓自己成為宴會的焦點，沒有想到弄巧成拙，反而給自己帶來恥辱。因為這件事情，使得你的這位朋友以往的所有威信蕩然無存。

很多事情往往就是這樣，因為一時的愚昧和糊塗，結果事與願違，以至於此後長時間感到羞恥和自責，少則幾天或幾個星期，多則幾個月。讓我欣慰和慶幸的是：你在這個宴會上的表現還算得體，保持自己的自尊心，沒有破壞你在朋友心目中的形象。為此，我感到驕傲。

同時，我希望你以後仍然可以像這次這樣，把自己的自尊心放在首位。

只有這樣，才會使認識你的人對你懷有尊敬之意。只有受人尊敬，別人才會給你的道德情操和價值觀崇高的評價。

無論過去還是現在，成年人還是未成年人，每個人都希望自己的想法可以被朋友們接受。可是，正好在青年時期，由於缺少個性或某種運動（或藝術）方面的能力而使得自己缺乏魅力，進而無法讓每個人接受自己的思想，年輕人經常為此感到困惑。

在這種情況下，有些人就會採取譁眾取寵的方法來引起別人的注意。之所以會這麼做，是因為他們缺乏讓別人想要與他做朋友的特質。他們經常會不知所措地做出一些企圖討人歡心的行為，目的就是想要加入團體，以獲得友情。

但是，當他們醒悟過來時，就會感到渾身不自在，因為他們自己也意識到喪失自尊心。

和過去相比，現在周圍的環境有很大的變化。但是無論過去還是現在，有一點是無可置疑的，那就是：青年時期，是人們一生中最有波瀾和最具挑戰性的時期。因此，我希望你可以遵從羅馬皇帝馬可・奧里略的訓誡：「不能期望被你毀掉的合約或是喪失的自尊心為你帶來任何利益。」

再見！

第34封信：尊重每個人

　　要做到尊重每個人，最關鍵的就在於要尊重差異，要重視不同人的不同心理、情緒、智慧。

　　親愛的孩子：

　　你一定還記得，在你12歲那年，我打你的那個巴掌吧！那是我第一次也是唯一一次在對你的教育上動粗，因為你嬉皮笑臉地叫我一聲「老爹」。也許你認為我做得有些過分，但是我卻從來沒有後悔，我覺得那個巴掌會給你帶來很多反省，最重要的是教會你如何尊重別人。

　　自尊心是每個人都有的，無論是高高在上的國王，還是沿街乞討的流浪漢。每個人都有滿足物質生活的需要，但是更有得到尊敬的期望。尤其是當今社會，生產力水準已經達到一定程度，科學技術也在迅速進步，人們的物質需要已經不是問題。在物質生活得到滿足之後，受到尊重——這個更高層次的需求，就會越來越受到人們的重視。

　　每個人都有自尊心，在社交活動中，都希望得到別人的尊重。此外，我們對於那些尊重自己的人，也會有一種天然的親和力和認同感。然而，許多人在與別人交往時，往往過分強調自己的自尊心，進而忽略別人的自尊心。

　　孩子，你一定要切記，在你與每個人的交往過程中，尊重別人是一個非常重要的原則，沒有尊重的交往是不可能長久的。只有互相尊重，才會互相認同對方，相互體諒對方的心情，讓對方感覺快樂和滿足，友誼就可以天長地久。

　　一些以自我為中心的人往往認為「唯我獨尊」是一個成功的人和有身分

的人必須具有的，它是充滿自信的表現。然而事實上，許多真正優秀的人受到別人的尊敬，並不是因為他們「唯我獨尊」，而是因為他們尊重每個與他們交往的人。

每個人都希望得到別人的肯定和讚美，沒有人願意被別人傷害自尊心。但是總有一些人，看到別人的缺點和錯誤就加以指責，他們不知道這樣做已經傷害別人的自尊心。

要做到尊重每個人，最關鍵的就在於要尊重差異，要重視不同人的不同心理、情緒、智慧。就像世界上不可能存在兩片完全相同的樹葉，世界上也沒有兩個完全相同的人。每個人都有自己的優點，都有值得你去發掘和學習的地方，都有值得你去尊重的品格。關於尊重的話題，我不想說得太多，因為其中的道理每個人都懂，但不是每個人都可以做到。

孩子，我希望你永遠不要忘記，學會尊重每個人，這是你們這樣的年輕人生活中最重要的一堂必修課。良好的人際關係，從尊重每個人開始，只有尊重別人的人，才會獲得別人的尊重。

再見！

第35封信：在戀愛中保持冷靜

一場真正的戀愛，應該是以興趣為基礎，因為興趣可以讓兩個陌生人產生一段友誼，也可以讓曾經的朋友結束友誼。它可以消除敵意，也可以製造敵意，甚至還可以讓兩個人處於友誼與敵對的曖昧狀態中。

親愛的孩子：

雖然你現在的年紀還不適合談戀愛，但是已經距離談戀愛的年紀不遠了。在你正式開始談戀愛之前，我想要在這個方面給你一些忠告，你自己的一些見聞也可以幫助你。

大多數熱戀中的人，頭腦都不是很冷靜，做出的許多事情和平時表現的並不相同，它們可能差別很小，也可能完全相反。所以，我希望你在談戀愛期間保持頭腦冷靜，仍然按照平時的方法來處理事情。

一場真正的戀愛，應該是以興趣為基礎，因為興趣可以讓兩個陌生人產生一段友誼，也可以讓曾經的朋友結束友誼。它可以消除敵意，也可以製造敵意，甚至還可以讓兩個人處於友誼與敵對的曖昧狀態中。我這樣說不是信口開河，你可以按照自己以往的所見所聞，回想有沒有這樣的情況：兩個不認識的人，在一次偶然的機會，讓他們發現彼此之間有一些共同的興趣，於是成為朋友，但是經過一段時間的深入瞭解，卻發現不是這樣，然後彼此之間的來往變少了，最後結束這段友誼；或是今天他和某個人親密無間，但是明天為了各自的興趣，不得不加入不同的陣營，相互為敵。所以，如果你的朋友與你的興趣不同，你不要對他們毫無保留，讓自己完全曝露在他們面前。對與你沒有共同興趣的人，你應該保持一定的寬容，盡量不要傷害他

們，可以讓他們變成你的朋友更好。

毫無疑問，處於熱戀中的男女也需要保持良好的禮儀。如果戀愛期間缺少禮儀，雙方可能會難以溝通，無法忍受對方。如果沒有禮儀的約束，那些平時表現得非常恩愛的戀人，也可能會當眾相互謾罵和扭打。但是戀愛的時候，欲望和貪婪總是佔據有利位置。在它們的指使下，傻子都知道，掩飾比曝露更有效。但是你必須懂得掩飾的禮貌，這和那些善於奉承之人使用的伎倆完全不同，需要你因地制宜。

在戀愛期間，一個聰明人不會為了某位女性而刻意去討好其他人，但是他會小心行事，避免激怒別人，不會讓原本要幫助自己的人，至少不會阻撓自己美夢成真的人，成為戀愛道路上的絆腳石。在荷馬的著作中，他讓丘比特透過一條鎖鏈影響人類。在人類社會的所有戀愛中，也存在這樣的鎖鏈，例如：女僕會影響王公大臣；王后或妃子會影響國王，女僕又會影響王后。因此，在戀愛的過程中，你千萬不要破壞這個鏈條上的任何環節，這樣有礙於成功。如果你無法容忍男僕或女僕的愚蠢，無法和他們進行有效的溝通，你就不要戀愛。如果你想要戀愛，就要盡量避免和他們發生衝突。

在戀愛期間，你的言行舉止都會被戀愛對象知道。因為對於你這種人來說，追求的對象一般都會有龐大的僕人隊伍，他們會把自己的所見所聞毫無保留地告訴主人，甚至還會添油加醋，編造一些事情。僕人在主人面前所說的事情是好是壞，取決於他們對求愛者的態度，他們是否希望這次求愛成功。所以，你一定要和這些僕人維持良好關係，爭取讓他們為你說好話。

對於一些水性楊花的女人，你要保持警惕，不能被她們的花言巧語矇蔽。一般來說，無法和她們保持穩定的關係。

再見！

1749年8月21日

於倫敦

第36封信：不動聲色地建立良好的人際關係

　　你必須不動聲色地建立良好的人際關係，讓人們成為你的支持者。請注意，我說的「不動聲色」的意思是：你要做到表面上看起來是你順從他們，但是實際上卻是他們順從你。要做到這一點，就需要透過禮貌和關注，以及一些適當的手段。

　　親愛的孩子：

　　任何一個理智的正常人，都懂得在與別人交往時，需要取悅別人。但是，取悅別人不是要你放棄自己的利益，也要遵循商業活動中的互惠互利原則。以互惠互利為基礎的取悅別人，具有強烈的地方色彩，不僅在不同的國家有不同的形式，而且在同一個國家的不同地區也有不同的形式（這是由不同的風俗習慣所決定）。

　　以互惠互利為基礎的取悅別人的技巧，只要在日常生活中不斷練習就可以學會。我們可以在各個國家的首都，看到許多掌握這種技巧的人。當然，生活在不同國家的首都的人，其表現方式是不同的，例如：生活在羅馬的人和生活在巴黎的人有區別，生活在巴黎的人不同於生活在馬德里的人，生活在馬德里的人也不同於生活在倫敦的人。所以，聰明人不管到哪個地方，都會向當地的優秀人士學習，以瞭解這個地方的風俗習慣和文明禮儀。他們會仔細觀察那些優秀人士如何與比自己地位高的人、跟自己地位相當的人、比自己地位低的人交往。就算是一些看起來非常瑣碎的事情，只要對自己的個人修養有幫助，他們也會一絲不苟地觀察學習。

　　此外，聰明人還會關注各個地方的優秀人士的穿著和言談舉止，並且結

合自己的實際情況有選擇地模仿學習，絲毫不做作，更不會因此而招來別人的恥笑。這種與自身相得益彰的優雅，是不可多得的財富，可以深深地吸引人們的注意，成為他們外在魅力的「俘虜」。所以，你的身上也要具備這種優雅，讓自己光彩照人。

孩子，你要知道，時尚而得體的穿著，會吸引女士們的注意。在她們看來，這是男士的魅力表現。但是，不管你如何講究穿著，如果舉止不相稱，也會很糟糕。我相信在你的身上不會出現這樣的低級錯誤，你一定已經從那些優秀人士的身上學到優雅的風度和舉止。

你現在年紀還很輕，在言行舉止和品格修養上，可能無法做到像我們這樣沉穩內斂，但是你比我們機智而善於應變，可以讓你及時彌補言行舉止和品格修養的不足，使別人樂於和你交往。我非常希望看到這一幕：一些上流社會的女士，遠遠地看到你，就議論「坐在馬車裡的年輕人是誰啊？太討人喜歡了。」當然，你不要誤會我的說法，我不是只要你盡力博取女士們的好感，而且還要你贏得男士們的青睞。

取悅女士和取悅男士的技巧，沒有多大的差異，稍加變通就可以通用。一個人為了博取女士們的歡心，會不斷地鍛鍊，注意自己的言行舉止，假以時日，就會表現得越來越優雅大方，注意力也會越來越集中，最終形成彬彬有禮的好習慣。這種人即使是和男士交往，也很容易贏得對方的青睞，和對方建立良好的人際關係。

你應該瞭解，如果一個人不善於建立良好的人際關係，不善於與各行各業的人交往，這個人就不會取得太大的成就。所以，你必須不動聲色地建立良好的人際關係，讓人們成為你的支持者。請注意，我說的「不動聲色」的意思是：你要做到表面上看起來是你順從他們，但是實際上卻是他們順從你。要做到這一點，就需要透過禮貌和關注，以及一些適當的手段。如果你想要人們成為你的支持者，就必須和他們建立良好的關係。你可以仔細觀察，瞭解他們的性格，在各種人際交往中，用自身的魅力俘獲他們的心。如

果你平時不注重這個方面的工作，在你需要幫助的時候再去做這些事情，他們絕對不會伸出援手。所以，你一定要在平時的日常生活中獲得別人的好感，及早做準備。

再見！

1749年11月14日

於倫敦

第37封信：和別人建立密切關係的方法

第二種，我稱之為不平等的關係，即一方才華橫溢、能力出眾，另一方家世顯赫、家財萬貫。在這種關係中，一方需要透過適當而巧妙的手段獲得所有的好處，另一方則要彬彬有禮而舉止文雅，還要具有忍受對方盛氣凌人的耐力，以維持這種關係。在這種關係中，對比較弱的一方以攻心為主，讓他們感覺到自己也是領導者，而不是被領導者。

親愛的孩子：

我想要向你介紹兩種與別人建立密切關係的方法。

第一種，我稱之為平等的關係，即指那種氣質和能力幾乎完全對等的兩者所建立的互惠關係，彼此之間可以自由交流和交換資訊。在這種人際關係中，最基本的條件是相互之間要保持敬意，這就要求彼此的能力可以獲得對方的認同，並且確信對方願意為自己傾盡心力，這種關係才有可能成立。

當然，在這種人際關係中，不可避免地會發生彼此之間利益衝突的情形，但是千萬不能因此而破壞彼此的依存關係。在某些時候，即使利益對立，也應該彼此退讓，共同研究統一的行動。

孩子，我希望你和盡可能多的與你年齡相仿的朋友建立這種關係。你們幾乎是同時踏入社會，如果你擁有能力和集中力，就可以聯合其他年輕人，組成一個讓所有行政機關一眼就可以看中的強大團體。然後，你就可以和你的朋友在這個社會上嶄露頭角，做出一番偉大的事業。

第二種，我稱之為不平等的關係，即一方才華橫溢、能力出眾，另一方家世顯赫、家財萬貫。在這種關係中，一方需要透過適當而巧妙的手段獲得

所有的好處，另一方則要彬彬有禮而舉止文雅，還要具有忍受對方盛氣凌人的耐力，以維持這種關係。在這種關係中，對比較弱的一方以攻心為主，讓他們感覺到自己也是領導者，而不是被領導者。

我不知道這封信是否可以準時寄到你手上，但是據我所知，你在聖誕節之前就可以抵達巴黎。這樣很好，我正好有兩位在巴黎的朋友想要介紹給你認識。這兩位都是英國人，也是深受大家尊敬的人，所以我希望你可以和他們保持親密的交往。

我向你介紹的第一位英國同胞是亨廷頓伯爵，也許你對他有所耳聞，但是絕對不熟悉。亨廷頓伯爵是我最尊敬的英國人之一，可以認識他，我感到無比自豪。他博學多聞，才華橫溢，任何方面都非常出眾，並且還兼具許多優秀品格，是我認識的最優秀的英國人。如果我的消息沒有錯，他很快就會回到英國，回國以後，他一定會得到議會的重用，讓他大展宏圖。因此，如果你可以和他建立密切的關係，對你未來的發展將會大有裨益。

我向你介紹的第二位英國同胞是哈維夫人，這是你的運氣，她今年也到巴黎過冬。哈維夫人生於宮廷，長於宮廷。宮廷禮節中那些好的地方，她全部具備，例如：禮儀端莊、氣質高雅、待人親切；那些不好的地方，她全部沒有。她見多識廣，幾乎讀遍所有女性應該讀的書，所以懂得也很多。此外，她的拉丁語說得非常好。

我希望你將她視為我的代理人，有任何事情都可以直接找她談。我不是因為哈維夫人是女性才介紹給你，而且等你見到就會知道，哈維夫人已經50多歲。我想，憑著我和她的交情，她對你一定會像對自己的兒子一樣。

說實話，我再也找不到一位像哈維夫人這樣擁有那麼多知識的優雅女性。關於你為人處世的方法、態度、禮節是否有不妥當的地方，都可以請她隨時提醒你，希望你可以趁這個機會好好向她請教。我相信，即使踏遍全歐洲，也找不出一位像哈維夫人這樣可以真正擔當此項任務的人。

只要和像哈維夫人與亨廷頓伯爵這樣優秀的人物多接觸，無論時間長

短，你都會獲益匪淺。而且，他們非常瞭解我的心情，很願意和你有親密的交往。我希望你可以主動接近他們，從他們身上學習一些東西。我相信，你一定可以做得到。

　　再見！

第38封信：經常保持微笑

微笑代表親切和關懷，是熱情和友善的表示。你對別人微笑，就是對他們暗示「我喜歡你」、「你使我快樂」、「我很高興見到你」……進而給對方熱情、善良、謙和、親切、愉快、溫暖的感覺。所以，我真誠地希望你經常保持微笑，但是我還要特別提醒你，應該盡量避免在別人面前放聲大笑，因為這是修養不夠的表現，是一種傻乎乎的行為。

親愛的孩子：

笑，是人類的天性，是與人們交往最好的禮物，是最簡單、最積極、最樂意被人接受的方式，也是征服交往對象最有效的交際技巧。然而，不是所有的笑都可以給人留下美好而深刻的印象。實際上，只有矜持而溫雅的微笑，才可以做到這一點。因為微笑代表親切和關懷，是熱情和友善的表示。你對別人微笑，就是對他們暗示「我喜歡你」、「你使我快樂」、「我很高興見到你」……進而給對方熱情、善良、謙和、親切、愉快、溫暖的感覺。所以，我真誠地希望你經常保持微笑，但是我還要特別提醒你，應該盡量避免在別人面前放聲大笑，因為這是修養不夠的表現，是一種傻乎乎的行為，只有下等人才會對愚不可及的事情感到好笑，並且稱之為「盡情享樂」。

所以，真正睿智而是非分明的人，絕對不會起鬨，跟隨別人傻笑，他們往往把快樂放在心裡，臉上只露出愉悅的表情，即使是笑，也是不發出任何聲音的矜持而溫雅的微笑。對於那些容易引人發笑的滑稽或愚蠢的行為，他們只是報以淡淡一笑，例如：有人在背後沒有椅子的時候就坐下，隨之而來的就是幸災樂禍的大笑——這是相當低俗的笑，但是卻有很多人樂此不疲。

他們除了在下流的惡作劇和無聊的偶發事件面前大笑以外，無法享受讓人心情爽朗的樂趣，無法豐富自己的心靈。

在大多數情況下，大笑只會給人留下刺耳和不舒服的感覺，而且扭曲的臉部表情也相當難看。如果想要克制這些低俗的笑，只要從內心深處察覺到這是一種愚蠢的行為，然後稍加努力，就可以輕而易舉地加以控制。

當然，也不是所有的微笑都可以取得很好的效果，需要掌握一定的技巧。

首先，要笑得自然。微笑是美好心靈的外觀，需要發自內心，才可以笑得自然親切和美好得體。切記，不能為笑而笑，無笑裝笑。

其次，要笑得真誠。人類對笑容的辨別力非常強，一個笑容代表什麼意思，是否真誠，人類的直覺都可以敏銳判斷出來。所以，當你微笑的時候，一定要真誠。真誠的微笑，會讓對方的內心產生溫暖的感覺，引起對方的共鳴，使其陶醉在歡樂之中，加深雙方的友情。

第三，微笑要看場合。微笑會使人們覺得自己受到歡迎而心情舒暢，但是對人微笑也要看場合，否則就會適得其反。例如：出席一個莊嚴的集會，參加一個追悼會，或是討論重大的政治問題，微笑不合時宜，甚至招人厭惡。因此，在微笑的時候，一定要看場合。

第四，微笑的程度要適合。微笑是向對方表示禮節和尊重，我宣導多微笑，但是不建議你隨時微笑。微笑要恰到好處，例如：對方看你的時候，可以直視他微笑點頭。對方發表意見的時候，可以一邊傾聽一邊微笑。如果不注意微笑的程度，微笑得放肆過分，沒有節制，就會有失身分，引起對方的反感。我認識一個很有才華的人——沃勒先生，即使是說最平常的話，他也會忍不住微笑，讓很多不認識他的人剛開始都把他當作天生的傻瓜。

再見！

第39封信：演講的時候，注重外在修飾

對一個演講者來說，想要在公眾場合成為受人歡迎的演說家，必須具備一定程度的洞察力和學識，還要十分注意措辭的準確、文風的高雅、說話的藝術、舉止的得體，如此才可以深深地打動聽眾。

親愛的孩子：

與歐洲其他國家相比，英國人更注重演講才能（可能是國家體制所致），能言善辯的人明顯比其他國家多，所以我想要和你談論，如何在公眾集會上發表可以對公眾產生影響的演講。

對一個演講者來說，想要在公眾場合成為受人歡迎的演說家，必須具備一定程度的洞察力和學識，還要十分注意措辭的準確、文風的高雅、說話的藝術、舉止的得體，如此才可以深深地打動聽眾。

已故的大臣古柏是一位公認有影響力的演說家，他的演講之所以具有感染力，並非來自邏輯嚴密的推理（實際上，很多地方他根本無法自圓其說），而是歸功於他的演講措辭準確，語言風格優雅，聲音抑揚頓挫，神情舉止得體。就是這一切，使得他的每次演講都可以贏得聽眾的熱烈掌聲。

相反的，已故的湯森爵士每次演講的時候，都注重語言的邏輯，而且他學富五車，對於所說的主題都可以做到論點鮮明和論據充分，可是他的演講從來都沒有產生強烈的感染力，贏得的掌聲也是稀稀落落。為什麼？原因在於：他的措辭有失文雅，而且經常違反語法；他的聲音聽起來不夠優美，而且總是在不應該停頓的地方停頓；他的儀態也毫無風度可言。所以，根本沒有人可以耐心聽完他的演講，而且一些年輕人經常藉此來譏笑他，以模仿他

在演講中說錯話的情形為樂。

　　已故的阿蓋爾公爵，是我目前為止看過的最受聽眾歡迎的演說家，但是在邏輯推理方面，他卻是一個十足的白癡。當然，這絲毫不會影響他的感染力，因為他受到聽眾歡迎的原因，完全在於他的表達方式和個人魅力，而不是演說內容。他在演講的時候熱情洋溢，形象風度翩翩，儀表文雅高貴，語言慷慨激昂，並且悅耳動聽。這一切，讓他成為我看過的演說家之中，最可以抓住聽眾的心、最有感染力和說服力、贏得聽眾掌聲最多的人。我也聽過他的演講，也像其他聽眾一樣狂熱地被他迷住，可是當我回到家中，仔細回想他的演說內容時，卻發現他說的許多理論根本不足為信，他想要表達的觀點也不夠鮮明。可見，這些外在修飾潛藏的力量真是不可估量啊！

　　西塞羅在其著作《論演說家》中，也極力推崇這些外在的修飾，他說自己可以在演說界獲得這些成就，除了擁有淵博的知識，可以對任何話題進行討論以外，也與措辭得體、聯想豐富、舉止優雅等外在修飾為其演說內容增色有關。所以，如果你在有生之年無法像西塞羅那樣有學問，在演講的時候，就要加倍注重外在修飾。

　　我給你說這麼多，就是要你明白，只依靠淵博的知識和敏捷的思維，如果沒有形象、舉止、禮節、風度的支撐，不可能受到人們的廣泛歡迎，獲得聽眾此起彼伏的掌聲。

　　再過幾年，你就要進入下議院工作。首先，你需要樹立良好的形象，如果無法將母語使用得正確而流暢，就永遠無法做到這一點。目前，我發現你好像對此很不在意，不注重母語的使用，希望你以後不要這樣。同時，我還要說，注意觀察別人的演講，有助於你改進不足之處。

　　再見！

　　1749年12月5日

　　於倫敦

第40封信：讓聽眾的耳朵得到滿足

如果你想要讓聽眾印象深刻，深深地打動他們，就要充分運用演講的藝術，將自己所說的內容透過抑揚頓挫和優雅言語表達出來，才可以讓他們的耳朵得到滿足，讓他們產生如沐春風和繞樑三日的感覺。

親愛的孩子：

已經有四十年了，我在說每句話和寫每個詞之前，都會好好思考，看看它們是否得當，是否可以用更好的語句或詞語替換。現在，我對這種要求更高，甚至當我使用停頓不當或用詞不雅的語句，就會感到不舒服。和其他人一樣，我非常樂意及時改正那些粗糙的地方，極力使自己的言語更得體和悅耳動聽。我可以坦白地告訴你，我在演說上取得的聲望，一方面是因為所說的主題得體，但更多的還是得益於長期以來對措辭的謹慎選擇。這不是我在自我吹噓，你可以問問其他一些在演說方面有所成就的人，他們應該也會有同樣的感受。

將來你可能會進入議會工作，如果你想要讓自己的演說也悅耳動聽，請聽從我的忠告，注重語言的措辭和停頓，而不是將精力放在主題的選擇上。我認為，吸引觀眾注意力的往往是修飾成分，而非內容。

我希望你將來在議會上可以有一個良好形象，如果你透過努力，讓我的願望實現，我會以你為傲，你也會感到非常自豪。想要在議會樹立良好的形象，首先我希望你務必成為一名優秀的演說家，請注意我使用的是「務必」。我相信，以你現在的語言能力，只要你用心去做，這對你來說不是難事。

千萬不要像某些人那樣產生一種誤解，以為優秀的演說家就像彗星一樣，幾十年才會出現一個，令人敬畏，這樣會使你喪失成為優秀演說家的勇氣。為了打消你的這種念頭，我想要在此仔細地給你分析優秀的演說家。

似乎每位演說家都籠罩在榮耀的光環下，他們為此自鳴得意，享受人們對他的崇拜。現在我要告訴你的就是：去掉光環以後的演說家，到底是怎樣一個人？首先，他們的學識很淵博，思維很縝密；其次，他們可以把自己想要表達的觀點優雅大方地表達出來。可見，去掉光環以後的演說家，沒有絲毫的神秘感，年輕人經過努力以後，完全可以達到。

一個要在議會演講的人，需要掌握什麼演講藝術和技巧？

最重要的就是要學會在演講時，表現得從容不迫、冷靜沉著、優雅大方。也就是說，在面對台下的聽眾時，他應該像坐在家裡的壁爐旁或餐桌前，跟家人聊天那樣鎮靜，將自己所要說的話娓娓道來。從我的經驗來看，這樣並不困難，比想像的要容易許多。

其次，孩子，你要知道，一個人在發表演講的時候，台下的聽眾一般只會用耳朵去聽，不會當場就用頭腦深入辨別。所以，如果你想要讓聽眾印象深刻，深深地打動他們，就要充分運用演講的藝術，將自己所說的內容透過抑揚頓挫和優雅言語表達出來，才可以讓他們的耳朵得到滿足，讓他們產生如沐春風和繞樑三日的感覺。

西塞羅是古羅馬的雄辯家，在演說這個行業中取得卓越成就。他著有一本叫做《論演說家》的書，在書中西塞羅說：「一個成功的演說家，必須學貫古今中外，通曉法律和哲學等學科知識，否則就不可能以相應的話題進行演說。」雖然我非常尊重西塞羅，認為他是演說方面的權威，但是以這一點來說，我不敢苟同。因為至今為止，我還沒有聽過人們在進行議會演講時，使用幾何學、代數中的方程式、化學中的反應式、解剖學，對所說的話題進行論述。所以我覺得，不懂得幾何、代數、化學，或是解剖學的人，同樣可以成為演說家，更何況議會中通常討論的話題，都是常識性的問題。

關於演說家的問題，就說到這裡。你放心，我會將自己知道的一切毫無保留地告訴你，就算無法讓你成為一名優秀的演說家，至少也可以增長你的見識。願上帝保佑，我不是在白費力氣！

再見！

1749年12月9日

於倫敦

第41封信：讓言行表現得穩重

不管一個人多麼偉大，知識多麼淵博，想要得到別人的尊重，使別人對你懷有敬意，保持外表的嚴肅和行為的莊重是必不可少的。喜歡捉弄別人，經常放聲傻笑，不分對象亂開玩笑，不分場合口無遮攔……這些都有損於你的尊嚴。

親愛的孩子：

不知你是否意識到，保持穩重的舉止是必須的，只有舉止穩重的人才可以贏得朋友的尊重，才可以形成有價值的、令人尊敬的、高尚的品格。因此，從現在開始，我要求你必須對人們的行為舉止和性格態度進行觀察分析。這樣說吧，我希望你從現在開始對人情世故進行分析把握。你要知道，學會洞察世事是一個人活到老學到老的根本。一個人無論在年輕時還是年老時，這些知識都有很高的實用價值，但是現在的你卻明顯缺乏對這個方面的研究和思考。

這也不能怪你，因為幾乎所有人，包括教育機構在內的所有機構，都不認為傳授這類知識是自己的責任，就連學院裡的教師也是這麼認為。在目前的教育方式下，老師只傳授語言和專業知識，也許是因為他們根本不具備教學生人情世故的本領！

在這種主流的教育方式下，孩子的父母也只能跟隨，否則他們的孩子就有可能被視為異類，被排斥在主流社會之外。有些父母不去傳授這些知識，也許他們認為現實才是最好的老師，不屑於教這種庸俗的知識。總之，他們完全忽視孩子們對於世界和人類認知方面的培養。

現實是最好的老師，實踐是必需的，因為只從理論上進行研究，根本無法透澈理解人性和這個世界。但是，從另一個方面來說，如果有一天你要去探索一個迷宮，那裡的每條道路都充滿彎道與岔口，布滿泥濘的土地和恐怖的陷阱，幾乎所有道路看起來都很滑，都是危險的。在這種情況下，你必須謹慎走好每一步。

但是，就算你隨時保持小心翼翼，還是會經常摔跤，甚至有跌落懸崖的可能性。如果我事先送你一幅迷宮的「地圖」，即使是一幅在我以往經歷的基礎上繪製的簡易地圖，對你來說，也會有不可忽視的作用吧！

你的年紀還小，要準確地掌握這些很困難，並且極有可能會懷疑我說的這類知識到底有沒有研究的必要。實際的情況就是最好的答案——雖然有很多人認為人情世故是庸俗的知識，不值得學習，然而還是有一些聰明的父母悉心教導自己的孩子，傳授他們許多待人處世的技巧。

在他們看來，一個人生活在現實社會中，是否可以用正確的方法為人處世是生存的前提。我非常同意這種看法，在所有處世技巧中，保持自己穩重的言行最重要。要保持自己在朋友中的威信，保持穩重的舉止，我認為應該從以下兩個方面做起：

第一，在一定程度上，外表的嚴肅與行為的莊重會給別人留下穩重的印象。

不管一個人多麼偉大，知識多麼淵博，想要得到別人的尊重，使別人對你懷有敬意，保持外表的嚴肅和行為的莊重是必不可少的。喜歡捉弄別人，經常放聲傻笑，不分對象亂開玩笑，不分場合口無遮攔……這些都有損於你的尊嚴。如果形成這樣的生活方式，不管他的知識多麼淵博，都有可能被人當作傻瓜，很難獲得別人的尊重。

第二，在待人接物中，「性情豪爽」雖然重要，然而更重要的是要保持一定的「威嚴」。

性情豪爽是一件好事，可是如果態度過於隨便，就很難保持穩重，也就

很難得到別人的尊敬。在日常生活中，我們都有這個方面的體驗，例如：在一些娛樂場合，我們經常會想到那些性情豪爽和態度隨便的人，就像歌唱得好的人和舞跳得好的人，或是喜歡講笑話的人。

因為在這些娛樂性的場合，我們和這些人相處會感覺到愉快輕鬆。如果一個人只有在人們娛樂的時候才會被想到，並不是什麼光彩的事情，也不是什麼值得炫耀的事情。那些只有在人們娛樂的時候才會被想到的人，不是真正地在被誇獎，甚至還有可能是在被侮辱。

我們可以這麼認為，一個只有在人們娛樂的時候才會被想到的人，永遠無法得到上級或朋友的信任，也無法被委以重任以及得到人們發自內心的尊重。如果一個人只是以自己豪爽的性情獲得友誼，這個人在朋友中幾乎沒有任何價值可言。由於他不懂得發揮自己其他方面的優點，就會給人們不靠實力說話的感覺，這種感覺很難獲得朋友的尊重。

因此，無論在什麼時候和什麼地方，都要保持「穩重」的生活方式和處世態度，這是處世的最基本原則。

關於做人尊嚴和處事穩重的話題，說三天也說不完，很難給你詳細解釋。我建議你仔細閱讀西塞羅的《論義務》這本書，如果可以將其中重點部分背下來，那是再好不過。

再見！

第42封信：掌握必要的識人之術

　　想要全面掌握識人之術，首先就要瞭解一個人的主導情感是什麼，然後再深入研究它。同時，也不要忽略那些次要但是可以影響一個人行為的情感，也把它們列入研究的範圍內，對深入瞭解一個人很有幫助。

　　親愛的孩子：

　　每個人或多或少都需要掌握一些識人之術。對你來說，更應該全面掌握，因為你將來從事的事業需要你和各種各樣的人交往，全面的識人之術有助於你徹底瞭解交往對象，跟他們維持良好關係。

　　識人之術無法透過系統地學習而獲得，需要平時多觀察，慢慢累積經驗。並且，一個人是否可以真正掌握這門知識，還和這個人的悟性有很大的關係。但是你不必為自己涉世不深而擔心經驗不足，因為我會給你一些提示。我相信這些提示對你以後的發展非常有用，甚至會成為人生道路上不可或缺的一部分。

　　記得以前我經常對你說，對於人類的行為，我們不能從那些特定和確實可行的原則中，得出普遍性的結論。我們不能因為人類是理性的動物，就認為他們的所有行為都是理性的。我們更不能認為某種主導情感可以支配人類所有行為。你要知道，人類是世界上最精密和最複雜的機器。雖然「每台機器」都是由一個「主引擎」帶動運轉，但是「主引擎」還需要許多「小齒輪」配合其行動。可見，這些「小齒輪」對人類的作用也是不可忽視。

　　還是用一個具體實例來說明吧！如果有一位雄心勃勃（主導情感）和能力超群的大臣，是不是可以這樣認為：他會在事業上堅持不懈地追求更高

目標？難道因為他受到這種主導情感的支配，所以就一定會這麼做？不，事實不是這樣的。有時候，身體不適或情緒低落會影響主導情感的發揮；有時候，一時的情緒暴躁會暫居主導地位；其他的情感有時候也會暫時控制他的行為，讓他偏離自己一貫的表現。如果這位雄心勃勃的大臣比較多情？也許在和妻子或情人情意綿綿的時候，他會表現得輕率，不經意洩漏秘密，足以讓他滿盤皆輸。如果他是一個比較貪婪的人？也許有些可以牟取暴利的事情，會使他無法控制自己而觸犯法律。如果他是一個易怒的人？也許在某些不盡人意的事情上，他會怒火中燒，無法控制自己，進而做出危害大局的蠢事。如果他很自負，喜歡聽人拍馬屁？也許他會被別人巧妙的奉承而誤導。甚至，關鍵時刻的一絲懈怠，就會讓絕佳的升遷機會悄悄流失。

　　所以，想要全面掌握識人之術，首先就要瞭解一個人的主導情感是什麼，然後再深入研究它。同時，也不要忽略那些次要但是可以影響一個人行為的情感，也把它們列入研究的範圍內，對深入瞭解一個人很有幫助。認識和瞭解一個人的方法有很多種，這種方法不行就換另一種，也許就會柳暗花明。

　　此外，我要提醒你一點，野心和貪婪總是相互為伴又衝突的統一體，並且一般來說，貪婪會膨脹一個人的野心，也是一種主導情感。

　　法國的樞機主教馬薩林就是很好的例子。為了金錢和權力，他會不加選擇地做任何事情，服從任何命令，寬恕任何罪惡。他極力追求權力，因為權力可以給他帶來更多的金錢。不管是任何人，如果聽信馬薩林的花言巧語，貿然行事，必定會遭受欺騙。即使是後來幡然醒悟，也只能責怪自己行事不夠謹慎。

　　與此相反，法國天主教的黎胥留樞機主教的主導情感是野心。他擁有的巨額財富，正是野心膨脹的自然結果。對他來說，野心引發貪婪。順帶一提，黎胥留表現出來的衝突是人類本性中兩種情感相互衝突的有力證明。黎胥留透過教會的勢力統轄法國，並且對歐洲的命運產生很大的影響。然而，

這些沒有讓他感到滿足，他還想獲得極高的文學名聲，這種野心甚至比他統治西班牙的欲望還要強烈。對黎胥留來說，他更願意被人們稱為文學家（他根本稱不上）而不是政治家（事實上，他確實是一位出色的政治家）。如果一個人對此一無所知，可以說自己瞭解黎胥留嗎？

雖然從生理的角度來看，人體的構造都是相同的，但是落實到每個人，構成人體各個部分的比例又有很大的區別，所以這個世界上沒有完全相同的人，而且同一個人也不可能總是以一種形象展現在世人面前，例如：一個很有才華的人，有時候也會表現出弱智；一個大公無私的人，有時候也會表現出自私；一個誠實的人，有時候也會表現出虛假。相反的，一個邪惡的人，有時候也會產生惻隱之心，做出一些好事。

所以，在與別人交往的時候，對於每個個體，你都要仔細研究。你可以先根據這個人的主導情感，勾勒出這個人的大致輪廓，然後再結合這個人的次要情感和愛好性格，進行深入研究，進而真正瞭解這個人。例如：如何與一個大致上算是誠實的人相處？首先，你不能懷疑這個人的誠實，否則會被人認為是出於嫉妒或居心不良。同時，你也不能因為這個人是誠實的，輕易將自己最重要的某些東西（例如：性命、榮譽、未來）託付他。如果這個人某一天成為你在某些方面（例如：職位、金錢利益、愛情）的競爭對手，即使人們都認為他是最誠實的人，他也會受到這些方面的誘惑，進而表現出虛偽。所以，在與其交往時，必須對這個誠實者進行仔細分析，然後判斷他是否值得你信任。

和男人相比，女人之間的相似性更多。在我看來，女人只有兩種情感——虛榮心和愛情（一般情況下）。她們的言語和行為，往往只是為了讓自己的虛榮心得到滿足，讓自己的愛情更完美。當然，有些極少數的特例除外，例如：阿格里皮娜在野心的驅使下，不惜犧牲自我；麥瑟琳娜為了滿足自己的欲望而鋌而走險。

女人喜歡那些對自己獻殷勤的男人，並且很容易認為別人這樣做是因為

喜歡自己。對女人來說，再多的恭維和讚美都不夠。相反的，如果你吝嗇讚美之詞，她們就會銘記在心，永遠不會寬恕你。其實，男人也有虛榮心，只是看起來比較弱。

此外，對那些具備某種美德，總是把這種美德看得很高尚，聲稱只有自己才配擁有這種美德的人，你也要有所懷疑，因為這些人很可能是騙子。至於是不是所有情況都是如此，就無法肯定。據我所知，有些經常說自己「虔誠」的聖徒確實很虔誠，有些經常說自己「勇敢」的武士確實很勇敢，有些經常說自己「正派」的人確實很正派。因此，你要盡自己所能去瞭解人們的內心，絕對不要暗中模仿那些名聲顯赫之人的性格。雖然這些人的性格從大致上說是好的，但是從某些細節上說，難保不存在缺陷。

再者，對於那些初次見面就聲稱是你的朋友或知己的人，你也要抱持懷疑態度，他們這麼做很可能是要利用你達到自己的目的。但是，你也不能因此而粗暴地拒絕他們的友誼，徹底與他們斷絕來往。你應該多方面考察他們，看清楚這些友誼是來自於心地善良的人，還是來自於心懷叵測的騙子。因為心地善良的人和騙子之間，從表面上看沒有什麼差別，但是接受心地善良的人的友誼，不會讓自己受到傷害；對於騙子的友誼，只能表面上接受，暗地裡要小心防護，不要讓自己受到傷害。總之，在與別人交往的時候，你應該隨時保持必要的戒心，絕對不要讓別人輕易看出你的喜怒哀樂。

再見！

1749年12月22日

於倫敦

第43封信：具備一些次要品格

真正可以讓你博得別人的喜愛和友誼，則是某些次要的品格。如果缺乏這些品格的修飾，僅僅依靠卓越與偉大，即使再能幹和高尚的人也很難獲取人們的青睞，甚至還可能因此而激起人們內心的恐懼和嫉妒。

親愛的孩子：

如果你可以擁有卓越的才華和偉大的品格，就可以受到人們的尊重與敬仰。但是真正可以讓你博得別人的喜愛和友誼，則是某些次要的品格。我所謂的次要品格，是指與卓越的才華和偉大的品格相比稍次的才華和品格。如果缺乏這些品格的修飾，僅僅依靠卓越與偉大，即使再能幹和高尚的人也很難獲取人們的青睞，甚至還可能因此而激起人們內心的恐懼和嫉妒。誰都知道，恐懼和嫉妒無法為一個人帶來別人的喜愛和友誼。

眾所周知，凱撒一身惡習，加圖具備人類所有的美德。但是，凱撒具備加圖沒有的次要品格，使他更容易贏得民心，受到人們的愛戴，甚至贏得敵人的尊重與愛戴。加圖卻被朋友疏遠和排斥，即使他也因為偉大的美德贏得別人的尊重與敬仰。因此我猜測，如果凱撒沒有這些次要品格而加圖擁有，凱撒實現羅馬自由的機率就會大大降低，加圖保護羅馬原有自由的機率就會大大提高。

艾迪生先生在《加圖》一書中，對凱撒的評價是這樣的：「我們不否認他那些不夠偉大的美德，然而正是這種美德，讓許多人情不自禁地擁護他，雖然結果是葬送自己的國家。」

艾迪生先生所說的凱撒具有的不夠偉大的美德，其實就是以上我說到的

次要品格。次要的品格與偉大的美德相比，雖然有很大的差距，但是卻可以依靠溫和、親切、禮貌、幽默感，贏得別人的歡迎與接受。可見，學識淵博的學者、膽識過人的英雄、克己奉公的人，如果可以配上這些次要品格，就會受到人們的敬仰。如果學者態度傲慢、英雄慘無人道、有原則的人不知變通，永遠無法受人愛戴，只會讓人敬而遠之。

瑞典國王卡爾十二世的英雄事蹟（如果我們可以用英雄來形容勇敢但是殘忍的卡爾十二世），值得受到所有國家的人的尊重，但是卻沒有人喜愛他。反之，法國國王亨利九世也很有勇氣，也是長年浴血沙場，但是卻贏得人民的愛戴，因為他具備這些次要品格。

除了次要品格之外，還有一些被稱為次要才華和次要成就的東西。這些才華與成就，可以修飾與促進偉大的才華和傑出的成就，你應該去關注這些。迷人的風度、得體的談吐、優雅的舉止，這些品格會讓人們產生良好的印象，有助於人們發現你身上更偉大的品格。

再見！

1749年12月26日

於倫敦

第44封信：擁有完美的口才和禮儀

一個會說話的人，只要他願意仔細聆聽，用心學習那些卓越的作家和演說家的優點，我不敢保證他可以具有像這些作家和演說家一樣優秀的口才，但是至少可以讓自己的語言表達得優雅得體。實際上，我很想建議那些說話不雅的人，最好不要當眾開口，因為我相信這種人保持沉默比開口說話更可以給自己帶來好處。

親愛的孩子：

新年快到了，在這個值得慶賀的日子裡，人們可以表達一些禮節上而無傷大雅的恭維，以及彼此之間的祝願及關心。

人們在互相道賀的時候，經常會用到「長命百歲」和「壽與天齊」之類的話語。我不會用這樣的話語來恭賀你，如果真的需要用，也會有所變動。例如，我會說：「希望你有生之年活得精彩，壽命適可而止。」因為我關心的是你的生活方式，而不是生命年限。如果你已經不適合活在這個世界上，我寧願你及早結束生命，不要受到別人的責難和羞辱。

不要認為我是一個惡毒的人，說這些話我毫無惡意。請相信我，即使對敵人，我也不會使用惡毒的言語去詛咒他。更何況，你是我如此關心的人，是我寄託全部希望的人。我之所以這樣說，是因為我十分愛你，我們之間需要坦誠相對，不需要任何恭維和讚美。

美德是所有快樂得以產生的唯一牢固的基礎，雖然財富、權力、地位或是其他外在的東西有時候也可以帶來快樂，但是不會持久，也無法永遠依靠它們帶來快樂。而且在追求這種快樂的過程中，這些東西無法給人帶來內心

的祥和平靜，難以平復或治癒內心的罪惡感。

看到你的前程如花似錦，我真是倍感欣慰。你的所見、所讀、所聞，遠比大多數同齡人更多。你的目標遠大，可以為你帶來地位、金錢、名聲，之前所受的教育也將為你實現目標奠定紮實的基礎。目前，你在口才和禮儀方面還有所欠缺，但是只要你平時仔細觀察，花費一些心思來學習，相信可以彌補這兩個方面的不足。

口才和吟詩作賦有很大的區別。如果一個人沒有具備詩人的天賦，絕對不會成為優秀的詩人，頂多就是一個三流詩人。口才卻不同，一個會說話的人，只要他願意仔細聆聽，用心學習那些卓越的作家和演說家的優點，我不敢保證他可以具有像這些作家和演說家一樣優秀的口才，但是至少可以讓自己的語言表達得優雅得體。實際上，我很想建議那些說話不雅的人，最好不要當眾開口，因為我相信這種人保持沉默比開口說話更可以給自己帶來好處。

說到禮儀，無論是誰，如果想要在上流社交圈中獲得別人好感和贏得別人尊重，就必須用盡辦法將自己變得懂得禮儀。多與上流人士交往，有助於模仿優雅而得體的禮儀。在每個國家的首都，都可以看到各種各樣優雅而懂得禮儀的上流人士。這一年之中，你去過的首都和城市比任何時間還要多，所以必須讓自己的禮儀比以往更完美。如果等你回到英國，你已經跨入歐洲最有教養的紳士之列，我絕對會欣喜若狂。相信你會為此付出努力，不會讓我失望。

我在想，當收到這麼多談論口才與禮儀的信件時，你是否會說或是至少會想：「他怎麼說到這兩個話題就沒完沒了？除了這些，不會說其他事情嗎？」如果你真的這麼說或是這麼想，我可以說，你還沒有完全意識到口才和禮儀的重要性，我在這兩個方面嘮叨不休，就很有必要。相反的，如果你沒有這麼想或是這麼說，我相信，你已經確實意識到口才和禮儀的重要性，並且已經下定決心要努力完善這兩個方面，我就沒有必要再向你講述它們的

重要性。你到底是怎麼想的？請你如實地告訴我。

再見！

1749年12月28日

於倫敦

第45封信：讓你的談吐更動人

語言的目的在於傳達概念和思想，所以採用無法傳達概念的語言和無法引起別人興趣的表達方式，都是愚蠢人做的事情。

親愛的孩子：

我不妨明確告訴你，想要在社會上佔有一席之地，必須擁有良好的口才。為此，你必須透過日常會話來訓練自己，並且用心學習正確而有風度和不做作的說話方式。此外，你還要多閱讀一些雄辯家寫的書，並且隨時告誡自己：我就是為了訓練口才，才閱讀這些書。

為了讓你練成優雅的談吐，我給你提出以下幾點建議：

第一，從書中獲取良好的素養。讀書要有目的，這就是為了使自己談吐風雅。多注意文體與文字的使用方法，一邊看一邊想，仔細思考一個題材究竟如何表達更好。如果由自己來寫，與別人相比，不足之處在哪裡。

大部分的時候，即使是寫同一件事情，由於作者不同，表現手法也會千差萬別。換句話說，同一個題材，由於表現手法不同，傳達給讀者的印象也會有所差異。像這類問題，你在閱讀的時候都要細加分辨。

無論題材本身多麼精彩，只要文章缺乏寫作風格，文體與文題不符，都會使讀者味同嚼蠟，我希望你可以注意到這些問題。

第二，在口才和文筆上，建立獨特的風格。在很多時候，說話之前的準備工作是十分必要的。如果在無法做準備的情況下，也應該在說完話之後，思考是否有更適當的表達方式。只要做到這一點，你的口才就會在累積中慢慢進步。此外，不管多麼輕鬆的對話，即使是寫給親密的人的信，也應該擁

有自己的風格，這一點很重要。

第三，用詞要正確，發音要清晰。一個好演員必備的基本功，就是念台詞的時候發音清晰，並且措辭無誤。為了達到這個基本要求，你不妨請別人幫忙。你可以每天抽出時間大聲練習朗誦，請別人注意聽。遇到換氣方式、強調方法、朗讀速度出現不適當的地方，請他們立刻叫停，指出改正。朗誦文章的時候，嘴巴要張大，每字每句都要發音清楚。如果節奏過快，或是念出錯字，就要立刻停止。

即使有時候身邊沒有其他人，你也要單獨練習。單獨練習的時候，要注意用自己的耳朵仔細聽，剛開始念的時候要放慢速度，用心改掉你說話速度太快的壞毛病。因為你說話時的發音聽起來好像喉嚨被什麼東西卡住，如果說得太快，別人就會不知所云。如果遇到比較難發清楚的字音時——對你而言，應該是「V」吧——就算是練習一百遍或一千遍，也要努力念到可以發出完美的字音為止。

語言的目的在於傳達概念和思想，所以採用無法傳達概念的語言和無法引起別人興趣的表達方式，都是愚蠢人做的事情。

第四，訓練自己把每天的所思所為整理成文。選擇一些普遍存在的社會性問題，預先寫出關於這個問題的幾個可能出現的贊成意見和反對意見，然後虛擬雙方爭論的情景。根據這些情況，把自己要表達的意見變成流利的英語，這是提升你的語言表達程度的好方法。

舉一個例子：你不妨設想一個主張擴軍的想法。贊成意見之一是武力必須以武力來對抗，反對意見之一是強大的常備軍會使周邊國家產生恐懼感，不利於國家安定。像這類贊成或反對雙方的論調，可以想多少就要想多少。從本質上說，設置強大的常備軍不是一件好事，但是只有常備軍才可以成為防止其他國家挑釁的必要武力。

就像這樣，經常嘗試整理自己的思緒，然後嘗試形成文字，這種文字以明白曉暢和優美典雅為妙，不僅可以作為辯論的練習，也有利於養成出口成

章的好習慣。

第五，聽眾想要聽什麼就說什麼。一個雄辯家與一個街頭擦皮鞋的人，沒有任何本質上的區別。無論是誰，只要掌握取悅聽眾或是顧客心理的訣竅，就已經成功大半，剩下的問題只是一些機械性的操作。所以，你要利用各種方法來取悅聽眾，讓他們感到心理滿足。

演說者無法改變聽眾的模樣，需要改變模樣的是自己。所以，就像我不斷重複的那樣，聽眾只喜歡並且接受滿足其五官和心靈的事物。以作家拉伯雷為例，他最初的作品十分傑出，但是卻沒有受到讀者的青睞。直到他投讀者所好，發表《巨人傳》之後，才開始大受歡迎，並且贏得滿堂喝采。

我曾經對你說，想要控制別人，最重要的就是在心理上不要高估對方。利用演說來取悅聽眾也是這個道理，不可以對聽眾有過高的評價。我剛到上議院擔任議員的時候，覺得議員們都是值得尊敬的人，就有一種莫名的壓迫感。然而，過了一段時間，等到我瞭解各個議員的實際情況之後，那種感覺立刻消失了。

因為我知道，在500多位議員中，真正具有判斷力的只是極少數的人，其他議員幾乎和普通人一樣。因此，真正想要聽到字字有力和句句精彩的演說的議員，只有大概30位而已，其他議員根本不在乎你說什麼，只要聽著順耳就可以。

瞭解這一點之後，我在演說時的緊張感慢慢消失了。到最後，我已經可以完全無視聽眾的存在，只將注意力集中於說話的內容和技巧上。這不是自誇，我真的具備可以隨著內容而改變話題的能力。

再見！

第46封信：談話的時候，表現得輕鬆自然

　　我希望你是一個無所畏懼、有禮貌、頭腦冷靜的人。我要求你做到，與國王談話的時候，就像與自己親近的人談話一樣輕鬆自然，沒有太多的畏首畏尾。這是一位紳士和懂得交際之道的人必備的特徵。學會這種舉止的方法，就是多和一些比自己優秀的人來往，這些人可以是紳士，也可以是貴婦。

　　親愛的孩子：

　　如何防範自己成為一個誇誇其談的人，我在這裡會給你一些忠告。我認為，促使一個人誇誇其談的本質原因是風趣幽默和自以為是，因為善於誇誇其談的人必須擁有一定的才能。據我所知，擅長誇誇其談的人往往也是幽默風趣的人，可是他們的幽默風趣總是帶著一些傲慢和自大的氣息。他們喜歡排擠那些通情達理之人，希望成為圈子裡的領導人物。與這種人交往，最好的方法就是讓他們為所欲為，自食其果。因為如果你站出來反對他們，很有可能成為他們嘲諷的對象。

　　與誇誇其談者相比，可能還有更多人因為膽怯而自貶身分。膽怯而不敢發表自己的意見，就表示別人無法發現你的才能。在社交中，造成膽怯的主要原因就是缺乏與別人交往的經驗。在我的一生中，我遇到的最膽怯而不敢發表意見的人就是艾迪生先生。這沒有什麼奇怪的，因為他25歲以前都是在修道院裡度過，很少與別人交往。

　　膽怯之人在社交中表現出來的行為經常令人發笑，他們遇到興奮的事情會手舞足蹈，在發表見解的時候，總是邏輯不清楚，不知道自己要說什麼。

或是乾脆走極端路線——不顧禮節，粗魯放肆。所以，這種人總是很難受到人們的歡迎，甚至還會被周圍的人排擠，更不可能博得上司的喜愛。

我承認，剛開始的時候，想要在優秀人士的面前表現得從容自在而輕鬆自然確實很困難，特別是那些剛進入社會的年輕人，絕對無法做到這樣，難免會表現得緊張不安，出現一些尷尬笨拙的行為。這些年輕人在第一次進入上流社交圈的時候，總會感覺不自在，好像有人盯著他看，如果正好有人放聲大笑，就會認為是在嘲笑自己。這些都是正常的，沒有人會因此而責備他們，人們總是對他們表現得寬容大度，積極幫助他們融入社交圈。

我希望你是一個無所畏懼、有禮貌、頭腦冷靜的人，盡量避免這種不好的心理。我要求你做到，與國王談話的時候，就像與自己親近的人談話一樣輕鬆自然，沒有太多的畏首畏尾。這是一位紳士和懂得交際之道的人必備的特徵。學會這種舉止的方法，就是多和一些比自己優秀的人來往，這些人可以是紳士，也可以是貴婦。混跡於一幫素質極差的年輕人之中，無法具備這樣的特徵。

再見！

第47封信：維持道德的純潔

　　沒有什麼比你的道德更微妙，你必須一直努力保持其純潔。如果人們懷疑你處事不公、心懷惡意、缺乏誠信、說謊，即使擁有淵博的學識和過人的才能，也無法幫助你贏得別人的友誼和尊重。

　　親愛的孩子：

　　我幾乎沒有跟你談論道德方面的問題。我總是覺得，你會有自己的觀點，可以理智地看待。然而，我還是想要和你談論道德的意義，以便於對你有所啟發。但是，我只會談論道德的嚴肅與純潔，以及為什麼要維護它。

　　你的道德品格不僅要純潔，而且應該沒有任何可以指摘的瑕疵，道德墮落最容易引起人們對你的輕視和厭惡。但是世界上總有一些卑鄙小人，他們過著放縱的生活，在聲色之間放蕩，卻聲稱自己是「地方主義者」，這樣做完全是為了遵守自己所在地方的風俗習慣，毫不顧忌地將其他所有的道德主張都推翻。不僅如此，他們還有更多不可理喻的卑劣行徑。我是指他們對自己都不相信的荒謬言論，卻還在極力鼓吹宣傳，他們簡直就是地獄裡的惡魔。

　　當你遇到這些人的時候，你要盡量避開他們，更不要主動和他們交往，因為和這些人交往隨時都會對你產生邪惡與無恥的影響，以至於給你帶來恥辱和惡名。如果因為某件事情，你必須與他們進行短暫地交往，你就要特別小心謹慎，不要試圖迎合或是支持他們的觀點，你可以讓他們覺得對他們的行為你是默認的。另一方面，不要和他們進行嚴肅的討論，更不要與他們發生爭執。你只要告訴他們，你認為他們的觀點沒有那麼嚴謹，你可以提出

比他們更清晰正確的觀點。其實，你應該清楚，他們自己都不相信的「觀點」，他們不可能去實施。總之你要記住，對自己的觀點一定要有所保留，並且以後對這種人要敬而遠之。

沒有什麼比你的道德更微妙，你必須一直努力保持其純潔。如果人們懷疑你處事不公、心懷惡意、缺乏誠信、說謊，即使你擁有淵博的學識和過人的才能，也無法幫助你贏得別人的友誼和尊重。有時候，在某些特殊的情況下，道德敗壞的人也會得到很高的地位，但是如此醒目的地位，只會讓他們的為人和罪行毫無保留地昭示天下，得到更多人的唾棄和輕視。

如果一個人的道德中，有什麼缺點是值得原諒的，那就是：虛假和賣弄。雖然如此，我不希望你對自己的美德過分誇耀。你要小心謹慎地維護自己的品格，盡量不說和不做任何侮辱人格的話和事。在任何場合，你都要將美德展現出來，不要違背和踐踏美德的要求。

在這裡，我想要談論我對說謊的看法。有時候，即使是那些受過良好教育或是原則性很強的人也會偶爾為之，可能是為了耍計謀，展現自己的聰明，或是出於自我保護的心理。與其他惡習相比，說謊更令人蒙羞，還會不可避免地帶來尷尬和自尊心的喪失。人們經常為了掩蓋事實的真相，不自覺地說謊，因為說謊可以讓人們的卑微精神得到庇佑。在一些必要的場合中，一些善意的謊言是無惡意的，有時候也是必要的，可是不分場合地說謊是可恥的行徑。

我給你舉出一個事例吧！

如果你出訪某個國家，這個國家的大臣竟然問你此次訪問的目的是什麼？這樣提問當然是無禮而荒唐的。你應該如何回答？你要對他說謊嗎？如果謊言被拆穿（紙包不住火，謊言始終有被拆穿的時候），就會敗壞你的名譽，損害你的品格，讓你看起來是一個毫無用處的人。你是一個聰明人，當然不會這麼做。對他實話實說，置國家的信任而不顧？你當然也不會這麼做。你可以用堅定的口氣回答他，對他提出這樣的問題，你非常驚訝，而且

相信他只是隨口說說，不是真的想要知道答案。無論如何，他確實也不可能得到答案。這樣的回答，可以讓他對你產生信任，認為你的回答是由衷的、誠實的、正直的，對你非常有利。如果你針對這個問題和他周旋，就會被他當作說謊家和騙子，他也不會對你產生任何信任，自然不願意繼續和你交往。

培根爵士曾經明確分辨偽裝和掩飾的不同，並且對後者更為寬容。但是他認為兩者都表現脆弱的性格，一個有頭腦和才華的人不會使用這兩種「技能」。他還認為，一個很有才華的人，處理事情的時候會十分坦率真誠，讓人覺得真實可信。他們就像訓練有素的馬兒，知道應該奔跑的時候奔跑，應該停止的時候停止。培根爵士也認為掩飾在某些時候是必要的，但是絕對不要用偽裝來破壞自己的良好聲譽。

很多人總是信奉一種「單純的謊言」，他們認為這種謊言清白無辜，從一定意義上說，確實是這樣。因為除了說謊者本人以外，它不會傷及別人。這種謊言是虛榮心在作祟，還會讓人因此做出愚蠢的事情。這些人每天為了自己的幻覺而著迷，他們可以看到從來不存在的事物，還可以看到從來沒有看過但是值得看的東西（這些東西是實際存在的）。無論何時何地，只要有任何風吹草動，他們就會立刻聲稱自己曾經親眼所見或親耳所聞。他們這樣做，無非是想要炫耀自己，別人對此只會一笑置之，不會相信他們。他們將自己說成是神話中才會有的英雄，並且從中得到安慰，或是覺得這樣就會受人注意。然而事實上，他們只會受到人們的奚落和輕視，以及沒有任何信任。因為人們會很自然地認為：一個由於虛榮而說謊的人，在牽涉到自身的利益時，難免會進行更大的欺騙。對我來說，如果曾經看過什麼神奇而讓人難以置信的事物，我會把它藏在心裡，不會告訴任何人，以免他們不相信我的話，進而懷疑我的誠信。

每個人都知道，純潔的名聲對於女人而言並非不可缺少，但是誠信對於男人而言卻是不可缺少。女人如果沒有嚴格意義上的純潔，依然可以是品性

善良的人。男人如果喪失誠信，就不可能成為一個有道德的人。

　　你一定要保持自己純潔的品性，使其完美無瑕，沒有任何汙染，才不會受到別人的質疑。如果你的道德品性無懈可擊，任何誹謗和中傷就無法影響你。

　　此外，品性的純潔和嚴肅的刻板之間有天壤之別。我極力向你推薦前者，絕對不會向你推薦後者。你這樣的年紀，不僅要事業有成，還要懂得享受快樂。你要和那些同齡人一樣，享受五彩繽紛的生活，譜寫快樂的樂章。但是你要記住，在尋找快樂的過程中，不能讓自己純潔的品性受到汙染。

　　很多年輕人喜歡透過肆無忌憚的放縱讓自己快樂，很明顯是錯誤的。沒有純潔，就沒有自尊心；沒有自尊心，就無法在社會上出人頭地。如果你想要贏得別人的尊重，首先就要值得人們尊重。我認識的一些人，沒有沉溺於放縱，只是偶爾放縱，就已經受到人們的指責，使他們的道德受到影響，他們的主張無人採納，他們的觀點受到爭議。所以，你應該潔身自愛，讓自己的道德純潔無瑕。如果你想要享受更多的待遇，就必須付出更多的努力，並且努力保持純潔的道德和文雅的舉止。

　　再見！

　　1750年1月8日

　　於倫敦

第48封信：有責任心才有執行力

　　如果你想要在將來取得成就，就不能缺乏責任心。只有做到勇於負責，才會讓你表現出卓越的執行力，在工作中嶄露頭角，做出優異的成績，才可以比別人獲得更多的機會。

　　親愛的孩子：

　　一些人有偉大的志向，也有長遠的目標和高強的本領，但是他們最後還是沒有成功。為什麼？我認為其中最主要的原因是缺乏真正的執行力。對於聰明人來說，執行的保障更重要。以下我就藉由這封信，在執行力這個問題上，給你一些忠告。

　　決定一個人成功的要素有很多，戰略、能力、情緒控制力是三個決定性要素。如何將這三個要素有效的結合起來，是很多人面臨的最大困難。只有將這三者進行有效的結合，才可以決定一個人最終的成功，結合的關鍵就在於執行。如何擁有強大的執行力？就需要擁有強烈的責任心。因為責任心和執行力成正比，責任心越強，執行力也越強，責任心越弱，執行力也越弱。換句話說，執行力的好壞就是責任心高低的問題。

　　同樣的道理，如果你想要在將來取得成就，就不能缺乏責任心。只有做到勇於負責，才會讓你表現出卓越的執行力，在工作中嶄露頭角，做出優異的成績，才可以比別人獲得更多的機會。

　　責任心，也可以稱為責任感，是一個人對自己的所作所為負責，是對別人和社會承擔責任和履行義務的自覺態度。執行力，就是確實履行自己的職責，全心全力的工作態度，準時完成自己的工作。有責任心，就不會有藉

口；有責任心，就不能講藉口；有責任心，執行力就有基礎；有責任心，執行力的實施才有落腳的根基；有責任心，執行力的實施過程才會被賦予生命和活力。所以，想要加強執行力，就要增強責任心。增強責任心，執行力就會得到提升，責任心是加強執行力建設的關鍵。

責任心向來被稱為一個人的精神之源，一個人只有注重承諾，強調責任心，強調結果導向，才可以開花結果，並且取得持續性的成功。因為擁有這種內在動力，無論處在什麼職位，工作都是積極主動的，才會產生圓滿的效果，執行力才會隨之提高。很難想像，一個對工作沒有責任心的人，怎麼可以履行自己的職責？怎麼可以高品質地完成自己的工作？事實上，我們有很多工作，不是沒有能力做好，而是沒有責任心，沒有用心去做，沒有完全落實，也就談不上執行力。

執行力是決定一個人成敗的一個重要因素。根據我多年的觀察得出，一流的人才，尤其是世界公認的成功人士，他們不一定在能力上有多麼出色，但是他們卻表現出卓越的執行力。

孩子，你應該要懂得，責任面前，人人平等。所以，我希望你做到：只要是你的責任，就要勇敢地承擔。在執行的過程中，你是否可以承擔責任？還是借坡下驢，把原本應該你承擔的責任推卸給別人，不管造成多麼嚴重的後果？只有勇於負責，才可以把自己的目標執行到底，並且取得良好的績效。如果拋棄責任，即使目標再高尚，也會因為執行不力而夭折，或是造成不可收拾的局面。

再見！

第49封信：輕鬆自然地融入上流社交圈

敏銳的判斷力可以讓你展現自己的良好教養，優雅的語言和得體的舉止可以將你的良好教養真正展現出來。

親愛的孩子：

在羅馬和那些知書達禮的人交往的過程中，你會發現很多比自己年長而擅長為人處世之道的人。他們見多識廣，應付一切都從容自得，遊刃有餘，可以輕鬆自然地融入上流社交圈，並且受到比你更多的歡迎。此時，你千萬不要灰心，覺得自己無足輕重。在上流社交圈裡，你還是新人，只要仔細用心觀察和學習，情況就會有很大的改觀。

剛開始你在取悅別人的時候，行動上可能會表現得很笨拙，甚至和做壞事一樣，但是只要你是真誠地與人們交往，人們就不會責怪你，並且還會積極指導你怎麼做。放心吧！這樣的社交場合中的人，不會嘲笑你。敏銳的判斷力可以讓你展現自己的良好教養，優雅的語言和得體的舉止可以將你的良好教養真正展現出來。與地位和品格都比較高的人交往時，你的內心會自然地流露出尊敬。然而，想要在行動上適當而不露痕跡地表達出來，就需要用心觀察與長期磨練。

我依然清晰地記得，自己當年第一次被介紹進入社交圈的情形。當時，我緊張得頭腦一片空白，想要讓自己表現得彬彬有禮，於是看到人就彎腰鞠躬，只是我的動作有些大，比別人明顯矮一截。當我說到或是想要提到自己的時候，如果看到人們交頭接耳，就會覺得他們是在議論我和嘲笑我。其實，對我這樣一個新人來說，他們哪有時間注意我？就這樣，在剛開始那段

時間，每次參加社交活動，我都會覺得自己像一個犯人，無法自由行事。幸好我意識到，在上流社交圈必須舉止文雅，並且決定堅持下去，否則我早就被踢出上流社交圈的大門。

隨著時間的流逝，我開始變得習慣。鞠躬的時候，我不會再把腰彎得那麼低，回答問題也不再遲疑或口吃。如果偶爾有些熱心人發現我的困窘，主動跟我談話，我會將他們當作上帝派來撫慰我的天使，賜予我無比的勇氣。當我和紳士們多次交往以後，終於鼓足勇氣，走到一位美麗的女士面前，主動和她談話，我說今天的天氣很好，她的回答也非常有禮貌，表示有同樣的感覺。但是說完這句話，由於我太過緊張，不知道接下來要說什麼，我們之間的談話就這樣中止。這是一位擁有良好判斷力的女士，她很快就意識到我的尷尬，於是首先打破僵局開口說話。

她很和氣地對我說：「看得出來你有些羞怯，我相信你一定掙扎很久，才鼓起勇氣跟我說話。但是你不要灰心，就此放棄與出席這種場合的人交往。我們都可以看得出來，你想要博得大家的好感，並且具備良好的修養，這個才是關鍵。現在，你不足的地方只是不知道如何讓自己表現得更得體。一個初入社交圈的人，必須經歷一個過渡期，只要勤加練習，就可以讓自己良好的修養表現出來。如果你願意跟在我身邊練習，我會全力地幫助你。」

你可以想像，她的這番話讓我有多麼高興。對我這樣一位新人來說，可以認識這位女士，跟她學習，得到她的幫助，我感到非常榮幸。可是你知道嗎？我的回答卻是那樣笨拙。我輕輕咳嗽幾下，然後結巴地告訴她，我感謝她的好意。

這明顯是一句有歧義的話，以至於她不知道我是樂於接受，還是拒絕幫助。然後，我又鼓起勇氣，結巴地把我需要得到她的幫助的意思表達出來。於是，她又召來幾個人，跟他們說：「各位，我很高興向你們介紹一位年輕人，並且答應這位年輕人要幫助他。我想，他非常喜歡我，否則他不會鼓足勇氣，跟我聊天氣很好的話題，但是他有些緊張，說話都會結巴。我想要

請你們和我一起幫助他，剛進入社交圈的年輕人需要得到你們的幫助。現在他樂於跟我學習，如果以後他超過我，我無法教他，他也可以改投你們的門下。」

然後，她走到我的身邊，對我說：「我的學生，千萬不要跟舞女來往，她們會讓你丟盡臉面。她們不會教你如何鍛鍊自己的言談舉止，也不會為你樹立良好的榜樣，只會敗壞你的聲譽。我再強調，我的朋友，如果你每天跟那些追求低俗快樂的人來往，你只會墮落下去。這些人只會消耗你的財富，損害你的健康，讓你道德敗壞。從他們的身上，你永遠都無法學到知書達禮的人具備的那種風度。」

她說完這些話，在場的人都笑了。面對這種場面，我不知所措，不知道她是在幫助我，還是在開玩笑。當時，我的內心經歷高興、羞愧、被鼓勵、沮喪等心情。後來我發現，那位貴婦和她的朋友始終都在支持我，把我推薦給其他人。在他們的幫助和鼓勵下，我的自信心得到增強，並且學會優雅的舉止。後來，每當我發現優秀的人物，就模仿他們的言談舉止，並且可以輕鬆自然地進行。最後，我還可以對這些學來的東西，結合自己的實際情況，進行改造，真正的為我所用。

如果你可以堅持學習那些知書達禮的人的做法，一切都有可能發生。現在，我深信你具備高貴的品性，而且還有令人羨慕的學識。但是我還是希望你可以在幾個熟識的紳士和女士面前這麼說：你很年輕，缺少歷練，在教養方面還有缺點，懇請他們不管在什麼地方看到你犯錯，一定要毫無保留地幫助你糾正，你會把他們提出的忠告當作你們之間友誼的最佳證明。如此誠懇坦白地對他們說這些，他們絕對會不遺餘力地幫助你。也許，他們還會請其他人幫助你，指出你的缺點，你就可以更好地發展自己。

此外，你還要仔細注意不同國家在良好教養方面不同的表現和風俗，並且努力遵從這些，例如：法國人喜歡隨意，義大利人喜歡客套，德國人更注重客套。但是，不管與哪個國家的人交往，都不能表現得尷尬和緊張，或是

神情散漫。

再見！

1750年1月11日

於倫敦

第50封信：模仿別人優秀的品格

對那些廣受歡迎而舉止得體的人，你要學習他們和模仿他們，但是不能一成不變，成為他們的複製品。你模仿的目的是要成為和他們一樣優秀的人。

親愛的孩子：

你的知識大廈的主體部分即將建成，現在我關心的就是你如何裝修它，這樣會耗費你很多的精力。

在我看來，知識大廈的主體完成以後，你應該用所有的優雅和高貴的社交禮儀來裝飾它。如果沒有這些，你將會黯然失色。例如：有這樣一個人，雖然學識淺薄，但是長相出眾，擅長演講，極富感染力，言行舉止散發優雅與得體。總之，他具備一切必要的品格。另一個人，雖然有敏銳的觀察能力和淵博的學識，但是卻沒有第一個人擁有的那些品格。很顯然，前者在追求和討好各色人物的時候，比後者有優勢。實際上，這兩種人之間毫無比較性。

給你舉出這個事例，不是說這些必要的品格比知識更重要。我的意思是：在建立牢固的知識主體以後，配上這些品格，就會更盡善盡美。你要知道，如果沒有牢固的主體，即使用最優雅的品格來做裝飾，也會顯得輕浮和淺薄。時間一長，別人還會覺得你只是虛有其表。

這些品格是每個人都可以獲得的嗎？我的回答是肯定的。前提是這個人願意經常與上流社交圈往來，並且願意用心觀察模仿優秀人士的優雅言行。

當你第一眼看到某個人就被他深深地吸引，就會自然地對他產生好感，

給他很高的評價，而且你也不瞭解其中原因。但是，如果仔細觀察分析，你就會發現，他具備許多迷人的品格：態度溫和謙卑、舉止文雅大方、性格開朗活潑、穿著得體適當。對於這些品格，我要求你認真模仿，但是不要做出奴性的姿態，而是要帶著偉大的畫家臨摹其他大師的作品時的那份從容自信，因為唯有如此，才可以使摹本與真本一樣，充分地表現美。

當你遇到一個廣受歡迎而舉止得體的人，就應該多注意他：觀察他的言行舉止；觀察他和上司說話的方式；觀察他如何與同輩相處，還有他對待下級的態度；觀察他在上午會客和中午用餐或是晚間娛樂的時候，談話主題的變化。你會發現他們的言行舉止都相當謹慎，至少不會讓別人的虛榮心和自尊心受到傷害，和他們相處十分愉快，會情不自禁地對他們產生好感。他們待人溫文爾雅又不失敬意，隨時流露對別人的關心，讓人覺得很溫暖。對於這種人，你要學習他們和模仿他們，但是不能一成不變，成為他們的複製品。你模仿的目的是要成為和他們一樣優秀的人。

這些討人喜歡的才能，都需要透過學習和模仿而獲得。實際上，每個人掌握的技能和與人們相處的方法，大多數都是從別人那裡模仿而得到。關鍵在於：要選擇優秀的模仿對象，然後仔細觀察並且加以研究。人們會不知不覺地受到經常與其交往之人的影響，不管是他們的儀態、禮貌和習慣、思想方式，還是他們的缺點。這是千真萬確的，我認識很多人，因為經常和某些知識淵博的人聊天，結果自己也變得知識豐富。因此，堅持與最優秀的人交往，就會在不知不覺中，變成像他們那樣的人。如果你可以多付出一些，仔細觀察他們的言談舉止，就可以更快速地加入他們的行列。

與別人交往，不可避免會受到別人影響，即「近朱者赤，近墨者黑」，必須隨時記住與優秀人士交往的必要性，努力避免和下等人交往，因為他們總是有很多缺點。

我承認，到現在為止，你沒有太多機會去認識學識淵博而舉止優雅的人士。毋庸置疑，西敏公學是培養缺乏教養和舉止粗魯之人的中心。我想，萊

比錫也不是培養言談得體和舉止優雅的人的地方。我認為威尼斯的情況會更好，在羅馬值得你學習的東西有很多。我敢肯定，巴黎可以為你提供所需的任何教養。只要你經常與巴黎的上流社交圈保持往來，想要學什麼就可以學什麼。

在這裡，我還要補充一張列表，我會在上面列出一些必要的品格。這些必要的品格有裝飾的作用，離開它們，任何人都不會受到別人的歡迎，也不會在這個世界上取得任何成績。我擔心你目前還沒有完全掌握它們，但是只要你用心觀察和認真學習，就可以學會。

第一，不管你用什麼語言與別人交談，措辭都要優雅得體，否則沒有人會心情愉悅地聽你說話，最後你也無法達到自己的目的。

第二，說話要清晰明瞭，具有說服力，否則沒有人會耐心聽你說完。這是每個人都可以學會的，只要發音器官沒有任何缺陷。你沒有這樣的問題，所以掌握它所花費的時間，不會像狄摩西尼（古希臘的雄辯家）那麼久。

第三，舉止大方，溫和有禮。透過認真觀察和細心模仿上流人士，會幫助你得到這些。

第四，儀態端莊，動作優雅。請教優秀的舞蹈老師，多自我觀察，向擅長的人學習模仿，就可以掌握。

第五，儀表整潔，穿著得體，合乎身分。作為一個學生，如果不講究穿著可以被原諒，可是進入社會以後就不行。

總而言之，這一切都是必須的。如果缺少這些品格，即使你學識淵博，認真努力，取得的成果也會大打折扣。

再見！

1750年1月18日

於倫敦

第51封信：博得女性的青睞

一位男士應該跟女士們多聊天，不要什麼都不說。因為女士們一般都認為沉默與愚蠢息息相關，除非她們認為對方是因為深愛自己才保持沉默。在這種情形下，也許機智風趣的言語還不如沉默更可以贏得她們的芳心。

親愛的孩子：

很久沒有收到你的來信，我猜測，你是不是被羅馬深深地吸引，因此佔去你大量的時間？如果你確實將時間用在那些值得你學習的東西上，我不想佔用你太多時間。在羅馬，白天你要學習，要參觀那些令人震撼的名勝古蹟，晚上還要參加各種社交活動，不可能有很多時間來寫信。以後，你也許再也沒有機會去拜訪羅馬，所以現在應該好好地遊覽一番。那些有強烈藝術色彩的建築、雕塑、繪畫，都值得你用心觀察，但是只觀察這些顯然不夠，我希望你對羅馬的憲法和政府機構也有清晰的瞭解。當然，你應該會主動去關心這些。

你在羅馬的娛樂活動怎麼樣？能不能跟上那裡的時尚？也就是說，你是否可以和一些時尚的人士來往？這是讓你變得時尚的唯一方法。你是否與任何一個名門貴族相處融洽，並且可以從容應對別人叫你「小斯坦霍普」？有沒有一些時尚而教養良好的女士善意地為難或嘲笑你？你找到一個值得自己向他學習禮儀的老師嗎？如果可以從容應對這些事情，才可以培養溫和有禮的態度。我不會試探性地問你有沒有愛慕的對象，因為我相信你不會告訴我實情。但是無論如何，我還是要告訴你，如果你真的愛上某位女子，又不想白忙一場，就要對她關懷備至。對於男性的外貌，女性不是非常在意，她們

期望的是她們在意的男人懂得關心自己。

對於一位男士來說，言談舉止比長相更重要。沒有優雅的言談舉止，就無法博得女性的青睞。一位男士，應該對女士表現出極大的尊重，但是同時也要冷靜從容，這樣會讓人感到舒適自然。你與女性的交談或來往不可能也不應該總是一成不變，但是你應該做到禮貌周全和細心周到，經常恭維她們幾句，使得她們事後對別人談起你，也對你讚譽有加。不要為恭維的話語而煩惱，女士手中所拿的精美扇子和脖子上的漂亮絲帶或是雅致的頭飾，都是你讚譽的對象。

一般來說，一位男士應該跟女士們多聊天，不要什麼都不說。因為女士們一般都認為沉默與愚蠢息息相關，除非她們認為對方是因為深愛自己才保持沉默。在這種情形下，也許機智風趣的言語還不如沉默更可以贏得她們的芳心。

查理五世在和他所愛的女人說話的時候，曾經選擇一種專門的語言，不知道你是否掌握使用這門語言適當地表達愛意的技能？你學會他用過的那些暱稱嗎？我希望你已經掌握並且記住他如何稱呼自己所愛的女人，也要掌握他與法國人說話的時候用到的詞句。但是，不管是和哪個國家的人交流，都要注意用詞準確和表達貼切，這十分重要。如果想要讓人們接受你的說法，就要讓自己的話語給人帶來愉悅。

一個人的思想需要依靠語言來表達，可以這樣說——語言是思想的外衣。每個人都會注意自己的著裝，不想穿得破爛。同樣的，思想的外衣也需要潤色和修飾，才不至於太過蒼白。順便問問，對服飾與外表相稱，你有沒有關注？對自己的牙齒，你有沒有精心照顧？你最好在羅馬請一個優秀的牙醫檢查。你有沒有也像其他年輕人那樣，穿著蕾絲花邊的衣服，化上厚厚的濃妝，佩戴用羽毛做的裝飾？這些都是你要關注的，並且十分重要。

為了讓你有機會展示自己的才華，我隨信寄給你一封維利德先生幫你寫的推薦信，西蒙娜蒂夫人看到這封推薦信以後，應該會樂意接納你。西蒙娜

蒂夫人是米蘭最時尚和最有禮貌的人。我將在下一封信中，給你寄去維利德先生幫你寫給克萊麗思夫人的推薦信，克萊麗思夫人也住在米蘭。這兩位夫人的居所，經常是米蘭最時尚的人的聚會場所，這兩封推薦信應該會幫助你進入這個社交圈。你收到這兩封信以後，請盡快告訴我，否則我將以信件丟失為由，再麻煩維利德先生重新寫兩封。

請認真學習，好好娛樂。請仔細分辨高雅的娛樂和低俗的趣味，前者你要積極追求，後者你要毫不猶豫地摒棄。

再見！

1750年1月25日

於倫敦

第52封信：充分利用時間

有時候，你可能不得不熬到凌晨四點才入睡，我想要建議你，依然像往常一樣準時起床。這樣一來，你就不會浪費白天的美好時光，第二天晚上強烈的睡意，會促使你提早上床睡覺。我就是用這種方法使自己白天的時間可以充分利用，讓我有時間博覽群書，在學問的海洋中暢遊。

親愛的孩子：

我不斷地讓自己相信，你在羅馬期間，不會辜負我的熱切希望。我敢肯定，只要你充分利用時間（我是說每一分每一秒），就不會讓我失望。我希望你可以充分利用上午的時間，認真學習書本知識；下午出去逛逛，增加見識，開闊視野；晚上參加一些社交活動，結交一些有學問和見識的人士。我不希望你在身心上成為一個懶惰和懈怠之人。

羅馬不像巴黎，巴黎是一個時尚之都，人們非常講究用餐的禮儀，所以在這件事情上會花費不少時間。在羅馬，你的時間不會因此而被佔用，有足夠的時間做各種各樣的事情。你也會偶爾遇到一些意外的事情，進而佔去一定的時間。如果你因此而無法完成當天應該完成的事情，就要從休息的時間中扣除。

對你這個年紀的人來說，每天晚上睡七個小時，已經足夠了。睡眠時間太長，不僅會讓時間白白浪費，而且還會引起懶惰和嗜睡（每天都像沒有睡醒一樣）。此外，我還認為，睡得時間太久，會讓人感到渾身麻木，是不健康的生活方式。

有時候，你可能會因為需要應酬或學習，不得不熬到凌晨四點才入睡，

我想要建議你，依然像往常一樣準時起床。這樣一來，你就不會浪費白天的美好時光，第二天晚上強烈的睡意，會促使你提早上床睡覺。這個建議是我年輕的時候，一個非常明智的人對我提出來的。我可以明確地告訴你，那個時候，我不管睡得多麼晚，都會按照這位智者的建議去做。我經常凌晨六點入睡，早晨八點就起床，我就是用這種方法使自己白天的時間可以充分利用，強烈的睡意又使得我在第二天晚上睡得異常香甜。這位智者給我的建議，讓我有時間博覽群書。如果我在二十歲到四十歲之間，也像其他人那樣，只要睡得晚，第二天就賴在床上不起來，我永遠無法閱讀這麼多書籍，在學問的海洋中暢遊。

你一定要瞭解時間的真正價值，充分利用每一分每一秒，千萬不要表現得懶惰而無精打采，也不可以拖延怠惰，而是要今日事今日畢。

再見！

第53封信：管理時間比管理財富更重要

如果你可以有效地利用零散的時間，才是真正地珍惜時間和節約時間。不知道如何合理地安排時間，是一個人獲得知識和財富的最大障礙。

親愛的孩子：

根據我的觀察，沒有多少人可以精打細算地管理自己的財富，可以有效合理地管理自己時間的人，更是屈指可數。我認為，善於管理時間比善於管理財富更重要。當然，我更希望你對時間和財富都可以非常充分地加以管理。親愛的兒子，我向你表達這個看法，是因為我覺得你也到了應該思索如何有效管理時間的時候。

年輕人總是以為自己的人生剛開始，以後的人生道路很長，時間很充足，因此肆意地荒廢，完全不覺得可惜，也不認為浪費時間是可恥的。這種心態就和那些擁有一筆龐大的財產，花錢的時候毫不猶豫，不知道珍惜的人一樣。可是等到有一天，他忽然發現這筆龐大的財產已經被自己花費得所剩無幾，這個時候他才想到要珍惜，但是為時已晚，再也不能挽回。

曾經擔任威廉國王、安妮女王、喬治一世國王的財政部長的朗茲先生說：「想要省出一英鎊，先要省出一便士。」他不僅這樣說，更是身體力行。他給兩個孫子分別留下一筆遺產，他們也是以這筆遺產為基礎，累積巨額的財富。對於時間來說，也是同樣的道理。我由衷地希望你可以珍惜生命中的每一分每一秒，千萬不要因為一分鐘一秒鐘太過短暫而忽視。如果把這些短暫的零碎時間加起來，以一年計算，也是相當可觀的。

以日常生活中常見的一件小事為例：如果你要和某個人見面，約好時間

和地點，如果是中午十二點，但是你打算順便拜訪其他兩個朋友，所以你在上午十一點就出發。然而不巧的是，你想要順便拜訪的兩個朋友都不在家，這個時候你應該怎麼辦？

我想，大多數人會選擇在咖啡館、超市、商場、馬路上，消磨這段「無聊」的時間。但是我不會，絕對不會。我會利用這段時間寫信給朋友，這樣一來，我還可以利用和朋友見面的機會，在路上把信寄走。

或是看一本書。由於時間短，不妨看一些簡短有趣而知識性強的短文，像笛卡兒（法國哲學家和數學家）或洛克（英國哲學家，在《人類理解論》中，洛克提出經驗論原則，他的《政府論》影響《獨立宣言》）等作家的文章，在這個短暫的時間內是不適合閱讀的。

如果你可以有效地利用零散的時間，才是真正地珍惜時間和節約時間。你在這段時間也會受益，最起碼你不會感覺到無聊。

但是，許多人因為閱讀不當而浪費很多時間。他們喜歡看兩個世紀之前流行的傳奇故事，或是來自東方的《天方夜譚》，或是現在法國很暢銷的神話故事，這些書毫無閱讀的價值。這種著作沒有什麼意義，就像生奶油無法滋養皮膚一樣，它們也無法滋養人們的內心。我建議你要堅持閱讀各國的經典作品，閱讀那些已經被人們公認的名家名著。如果可以這樣做，你在閱讀方面的收穫，將會勝過其他人許多。

許多人浪費大量時間的另一個原因，純粹就是懶惰。他們經常躺在床上，或是坐在椅子上，伸著懶腰，心裡想著：「我現在要做什麼？但是時間太少了，做什麼恐怕都不夠，還是算了……」這麼想，當然無法做成任何事情。不知道如何合理地安排時間，是一個人獲得知識和財富的最大障礙。

孩子，你立刻就要踏入社會，正是活力十足、態度勤勉、鬥志充沛的時候。在這個階段，懶惰和安逸是讓人無法容忍的，應該積極向上、勤懇努力、不知疲倦。記住，今日事今日畢，絕對不要拖到明天。

講究效率是處理所有事情的關鍵，提高做事的效率需要運用適合的方

法。每做一件事情，都要尋找一套切實可行的方法，然後堅定地執行下去，除非有意外發生，否則不要隨意改變，例如：每個星期，你可以抽出幾個小時或是一天時間來管理自己的帳目，將它們分門別類地記錄清楚，這樣到了月底，不需要花費太多時間就可以徹底明白，而且在平時還可以讓你對自己的財務瞭若指掌。再舉一個例子：在你保存文件的時候，無論是信件還是其他類型的文件，都給它們加上摘要，然後分類收藏，需要的時候，就可以快速找到相關的資料。

　　你也要尋找一種閱讀的好方法，妥善利用每天閱讀的時間。記住，看書必須堅持不懈，不要斷斷續續，毫無系統。千萬不要像一些人那樣：一會兒讀這位作家的作品，一會兒讀那位作家的作品，或是挑選某些作品的篇章段落來讀，這樣做都無法很好地體會作品內容。你可以隨身帶一個摘抄記錄的筆記本，就可以隨手記下一些非常有價值的東西，有助於記憶。但是請記住，千萬不要摘錄那些讓人感覺咬文嚼字而沒有實際意義的言論。

　　讀歷史書的時候，最好隨時準備地圖和大事年表，以便及時查找。如果沒有這兩樣東西，歷史書就會成為一堆令人發暈的史料。

　　許多你這個年紀的年輕人都會覺得，這些方法只有笨人才會採用，它們不僅會增加許多麻煩，而且還會讓自己的自由和激情無法得到發揮和施展。我不敢苟同這種說法，而且我要告訴你，如果你按照我說的去做，一個月之後，就會發現自己遇到的麻煩減少很多，事情會變得井然有序，做事效率也會提升很多。如果你再放棄這些方法，你會發現很困難。

　　你一定知道馬倫巴拉公爵吧，他是一個連一秒鐘都不願意輕易浪費的人。在同樣的一個小時裡，他可以做出比其他人多出數倍的工作，並且完全沒有其他人的慌張和忙亂，都是因為他養成正確做事的方法。

　　事業可以激發人們的意志，讓人們更激情澎湃，就像鍛鍊身體可以促進人們的食欲，讓人們胃口大開。如果做事不講究方法，就無法做成任何事情。同樣的道理，聚會和社交如果不講究方法，也無法得到真正的快樂。

在我認識的人之中，很多人總是聲稱自己是快樂的，但是實際上，我知道他們根本不快樂。因為他們沒有自己的品味，只會囫圇吞棗地仿效別人，將一些不適合自己的東西強加於身上，這樣做的結果只會自找麻煩。

　　我希望你有自己獨到的生活品味，可以得到真正的快樂，並且可以經常感受它們，這樣才可以出類拔萃，在眾人之間散發光芒。我敢說，一個美麗的女士對有獨到生活品味的人的興趣，比對那些只會仿效別人的人的興趣更大。一味地仿效別人會蔓延，會讓人對自己的快樂感到厭煩，對所有事情都失去興趣。

　　請寫一封信描述你的生活品味，越詳細越好。因為我不僅是一位明辨是非而嚴厲的監察員，更是一位快樂的宣導者，會用自己的全力來幫助你。

　　追求事業成功是一種尊貴的行為，追求快樂也是。一個陷入愛河的人也許會失去自尊心，但是卻不會失去自己的品味和性格，否則他就和一個乞丐沒有兩樣。在餐桌上，有身分的人可以鑑別和品味食物，不加區別地暴飲暴食只是饕餮而已。有身分的人也會玩撲克牌，但是他們不會參與賭博，因為賭博讓他們覺得丟臉。性格開朗和說話富有幽默感，可以讓一個人在社交圈中引人注目，但是低俗的玩笑和肆意的笑聲，只會讓人看起來像一個小丑。

　　人們經常說，美德與惡習並存。在我看來，快樂與恥辱也是並存的。關鍵就看你能否分清它們之間的界限，能否不越雷池一步。

　　我向上帝祈禱，希望你可以從我的建議中找到快樂，就像我向你提出建議的時候感受快樂一樣。對於這些建議，也許你會很容易接受，因為這些建議與人們追求的樂趣不衝突。最後，我想要對你說，請相信我的人生經驗，你知道你是我的至愛。

　　再見！

　　1750年2月5日

　　於倫敦

第54封信：把握現在

我們唯一可以把握的也是最寶貴的時間，就是現在。你正處於人生的關鍵時期，如何利用現在，就決定你將來的聲譽、尊嚴、快樂。

親愛的孩子：

你現在年少力強，風華正茂，充滿朝氣，我希望你的生活也可以像這樣。我的意思是：你要過得緊張而充實，要活出精彩，要讓你的學識和修養為你贏得聲譽，成為一個公認的棟樑之才。我希望你可以做出為後人銘記的豐功偉績，或是寫出一些有口皆碑的文字。當然，我更希望你兩者都可以做到。為此，你不應該有片刻的懈怠和懶惰，不要浪費任何時間，因為我們唯一可以把握的也是最寶貴的時間，就是現在。你正處於人生的關鍵時期，如何利用現在，就決定你將來的聲譽、尊嚴、快樂。

對於你現在利用時間的方式和安排，我非常滿意。可是，你是否可以持之以恆？我不是要你一輩子都按照相同的方式利用時間，我希望你可以根據各個年齡階層以及不同情況合理安排時間。現在，你每天白天會花費五個小時來學習，可是我不認為也不希望你在以後的日子裡都這麼做。以後你的大部分時間會用在工作和交際上，你會不會利用零散的時間來學習？

如果你有一個小時的閒暇時間，你會好好利用還是虛度過去？現在我請來照顧你的人總是在你身邊監督你，我相信你會好好利用時間。如果照顧你的人由於公務必須離開你幾個月，請你坦誠地告訴我，身在異國他鄉的你會做些什麼？你可以讓我相信，你會安排每天的時間，不斷地為自己的知識寶庫添磚加瓦嗎？你可以讓我相信，你每個星期會抽出一個小時，為自己制定

一個周密的計畫，並且嚴格地實施計畫嗎？最重要的是：你可以讓我相信，你只會與上流人士或時尚人士娛樂嗎？你是知道的，我非常願意為你支付追求高雅樂趣所需的費用。然而，我還是要提醒你，如果讓我知道你沉溺於那些不體面而可恥低俗的樂趣中，我是無法容忍的，也絕對不會為你的花費付帳。

我承認，上流社會的娛樂不都是嚴肅而有意義的。而且我也承認，以我自己追求人生樂趣的做法，也會遭到禁慾主義者的譴責。雖然我已經五十五歲，卻還是沒有遇到這種人，你現在才十八歲，更難遇到這種人。

許多上流社會的人，偶爾也會貪吃貪喝，但是絕對不會讓自己淪落為經常暴飲暴食或是醉得不省人事。

雖然以嚴格的態度去審視上流社會所要求的文雅有禮的言行也不是完全合理，但是至少這些禮節不會讓人在大庭廣眾之下丟臉，不會毀壞一個人的名聲和德行。相反的，它可以讓一個人的修養得到提升。

在上流社會，向貴婦獻殷勤再平常不過，你可以大膽仿效，不必擔心玷汙自己的名聲，甚至還會從中得到使自己的舉止更優雅得體的啟示。

在上流社交圈裡，遊戲就是遊戲，絕對不會演變為賭博，也不會對你的聲譽有損。

我的這番話，不是一個老人的喋喋不休，而是一位朋友對你提出的忠告。我不會以父親的身分強迫你接受，因為我相信你足夠聰明，會明白我說的這些話是多麼合理，以及它們對你來說是如此有用。你下定決心這麼做嗎？你是否可以抵禦那些不三不四的放蕩者的誘惑和慫恿？我認識許多年輕人，就是因為無法忍受誘惑和慫恿而消沉下去。所以，不管什麼時候，也不管我有沒有請人照顧你，你都要下定決心抵禦那些不良誘惑的侵蝕。

再見！

1750年3月8日

於倫敦

第55封信：隨機應變，靈活處世

你一個人在外面生活，一定要有自己的原則，並且可以隨機應變，別人要求你做某件事情，要事先仔細考慮對方的目的。但是你要默默地思考，不要對別人說教。

親愛的孩子：

你遊學巴黎的日子越來越近了，不管從哪個角度說，你在巴黎的這段時間，都會對你的人生產生不可估量的影響。所以，從現在開始，我寫給你的信都將圍繞你在巴黎期間的各方面而展開。哈特先生還有其他事情要做，不能陪你一起前往巴黎，所以無法給你提出建議。因此，你會一個人在巴黎生活，一切都要憑藉自己的判斷來處理事情，但是你現在還很年輕，缺乏相應的生活經驗，我相信你一定知道，對此我怎麼都不太放心。

到巴黎以後，你會發現和你一起求學和生活的很多年輕人，做事沒有你細心，思維也沒有你清晰嚴謹。在與他們交往之前，我希望你先瞭解他們的品格和性情，然後再做出決定。在你的同學之中，絕對有很多家庭背景好和父母地位高的人，對於這樣的同學，你要主動和他們接觸，爭取成為他們的客人和朋友。根據我的瞭解，在法國，那些具有良好背景的年輕人，都有強烈的自尊心，而且比較敏感，所以你與這些同學交往的時候，一定要把握分寸，特別是開玩笑的時候千萬不要過頭，以免與他們發生衝突，這樣對你沒有任何好處。你可以和他們一樣活動於各種上流社交圈，但是身為外國人，你的頭腦一定要比他們更清醒。

在學識方面，你也會發現，他們大多數人都學識淺薄。對於這一點，你

千萬不要故意指出他們的淺薄，更不要到處顯露自己的才智，讓他們覺得你比他們高一等。其實，學識淺薄不是他們的錯誤，他們接受教育的主要目的是參軍。我希望你不要因此而打亂自己的學習習慣，仍然要像以前那樣，利用每一寸光陰。法國的年輕人會花費大量的寶貴時間來吃早餐，我不希望你像他們那樣，你應該知道一日之計在於晨的道理。如果你的同學邀請你共進早餐，你可以婉轉地告訴他們，早上的兩三個小時你要用來學習，其餘時間很樂意與他們共同度過。但是，我還是希望你可以在晚上去結識那些彬彬有禮和學識淵博的人。

有一點我必須強調，在巴黎，千萬不要去那些所謂的英國咖啡館。因為經常出入這個地方的人，大多數是一些沒有地位的英國人，或是一些蘇格蘭和愛爾蘭的逃亡者。他們經常在咖啡館裡互相吵架，或是酗酒鬧事。據我所知，這是巴黎最會讓人墮落的地方，巴黎的高雅之士絕對不會出入這樣的地方。

生活在巴黎的法國人，大多都比較注重衣著，言談也比較斯文。所以，千萬不要被他們的外表矇蔽，一定要在瞭解對方的身分和品格之後，再深入交往。在你去看表演的時候，或是在一些公共場合，有可能會遇到穿著考究的伯爵或騎士主動和你搭訕，他們一眼就可以看出你是外國人。為了讓你感覺到巴黎人的熱情，他們會表示只要自己能力許可，就會盡心盡力地幫助你。他們可能會告訴你，他們身處上流社會，認識很多有身分和地位的女士，而且只要你願意，非常樂意把你介紹給這些女士。如果對他們這種好意你表現出接受，他們就會表示願意立刻帶你去拜訪。到達之後，你就會感覺自己看到的並非他們描述的那樣。雖然這些女士看起來穿戴整齊，彬彬有禮，但這是每個法國女人都會的基本禮儀。你只要稍加留意就會發現，她們身上的首飾都是二手貨，或是已經舊得褪色了。她們會聲稱，自己不喜歡嘈雜的環境，喜歡安靜的生活，已經很長時間沒有參加上流社會的社交活動，既然是伯爵先生或騎士先生把你介紹給她們，她們還是非常高興的。接下

來，為了顯示她們的熱情，會留你共進晚餐，並且告訴你如果願意，她們可以在晚餐之前陪你玩牌。為了顯示她們打牌只是為了娛樂，她們會一致認同用幾個里弗爾做賭注。剛開始的時候，她們會故意輸十五六個里弗爾給你，然後極力誇獎你的運氣和牌技。

晚餐時刻，你會發現她們準備的晚餐確實豐盛，遠遠超過你平時的生活水準。在用餐期間，她們還會找一些有意思的話題，與你共同探討，讓你忘記時間正在悄悄流逝。用完餐以後，有些人會建議繼續玩牌，有些人則不同意，表示再也輸不起，然而最終還是會在其他人的規勸之下同意。接下來，她們夢寐以求的時刻就到了。她們會使用各種暗語來使詐，讓你一敗塗地。如果運氣好，你輸掉所有的錢就會結束；如果運氣不好，她們會讓你輸掉所有值錢的東西。最壞的結果也有可能出現，那就是：她們謀財害命。

我可以明確地告訴你，這絕對是真實的，毫無虛構成分。巴黎的社會魚龍混雜，像這樣的事情，每天都會在沒有生活經驗的外地人身上發生。所以你要明白，那些初見你的時候不熱情，但是在以後的來往中，卻一直熱誠地幫助你的人，才是你值得交往的朋友。即使在那些擁有最好氣氛的上流社交圈裡，你也可能會遇到一些比較陰險的人。雖然他們對你不會像上述的人那麼壞，但是他們愛財，只要發現你有一些錢，就會慫恿你和他們一起玩牌，然後贏走你的錢。對於這樣不懷好意的人，最好採用委婉的方式拒絕他們，以不得罪他們為宜。

你一個人在外面生活，一定要有自己的原則，並且可以隨機應變，別人要求你做某件事情，要事先仔細考慮對方的目的。但是你要默默地思考，不要對別人說教。

再見！

1750年4月26日

於倫敦

第56封信：正確對待語言時尚

　　我不是要你完全排斥這種時尚，你可以根據自己的審美觀和判斷力，取其精華，去其糟粕，調和到自己的語言中，為自己所用。孩子，你一定要記住：真所以美，美必然真。

　　親愛的孩子：

　　法語相當重要，它已經成為全歐洲的「洲際化語言」。現在，你已經在巴黎居住很長時間，你的法語程度一定得到很大的提升，但是究竟到達怎樣的程度，我卻一無所知。所以，我建議你用法語回信給我，我就可以判斷你對這門語言掌握多少，措辭是否優雅貼切，拼寫無誤。

　　巴黎是時尚之都，不僅服飾五花八門而琳琅滿目，而且語言也講究時尚，並且風格各異。居住在巴黎的人，或裝腔作勢，或精練優雅，或舊詞新用，或風格時髦，各種各樣的詞彙層出不窮，充斥巴黎的語言時尚。有鑑於此，我希望你可以瞭解這些時尚的語言，甚至還可以嘗試說幾句，但是絕對不能使你的趣味受到這些新奇語言的玷汙。因為這些時尚的語言有時候會讓人受到矇蔽，變得浮躁衝動，所以你要盡力在這股時尚風潮中保持理智。

　　現在，居住在巴黎的人都在追求時尚，但是如果想要追求時尚而不惜代價，沉迷於其中，結果只會徒勞無功，甚至還會讓自己變得多愁善感，思想謬誤怪誕，表達晦澀難懂而不可理喻，就像古希臘神話中的伊克西翁，對女神赫拉癡迷不已，最後懷抱的卻是一片烏雲。在巴黎現在有三分之二的新書都充斥這種弊病。

　　在這樣的環境中生活，想要不受到其感染是不可能的，但是我希望你做

到出淤泥而不染，不要讓自己的趣味受到這種所謂的時尚腐蝕。相反的，你要以那些作品樸實無華，經得起時間考驗的文學家為榜樣，例如：路易十四時期的高乃依、布瓦洛、拉辛等人。華麗的詞藻和誇張的表達與各種各樣的修辭手法構成時尚的文風，這樣的作品第一眼看起來就會令人頭暈目眩。千萬不要被這些華麗的外表所矇蔽，你要有自己的判斷力，從名家那裡找到真正的趣味。你也不必自視清高，嘲諷和批評那些跟隨時尚潮流的人，因為以你的年紀和知識而言，距離批評家還很遠。

請不要誤解我的意思，我不是要你完全排斥這種時尚，你可以根據自己的審美觀和判斷力，取其精華，去其糟粕，調和到自己的語言中，為自己所用。孩子，你一定要記住：真所以美，美必然真。那些不具備光彩奪目的外表，但是公正和深刻的思想是一種內在美。外表絢麗的事物不一定有價值，有時候給人們的是一種美麗的假象。

當你與別人交往的時候，不必完全在意我的話，因為你們年輕人只能嘗試適應群體的風格，而不要想改變群體的基調。這完全在於個人的隨機應變能力，例如：可以用簡練和幽默的方式和紳士交流，用虛與委蛇的方式和舉止輕浮的婦女調情。總之，無論和什麼人交流，都要考慮清楚再開口。

再見！

第57封信：學會真正地享樂

在享樂方面，你要從中獲得樂趣，還要有品味。同時，你也要知道，真正的享樂必須付出一定的代價才可以得到。一個無所事事而碌碌無為的人，絕對不會感覺到人生的歡樂。

親愛的孩子：

你現在還很年輕，喜歡享樂再正常不過，而且也應該盡情享樂。但是，年輕人在選擇娛樂方式的時候，往往會一味地模仿別人，以至於選擇不適合自己的娛樂方式，進而誤入歧途，這是極其危險的。

像社會上某些人那樣過著豪華的生活，是許多年輕人比較著迷的。然而，他們往往忽略值得他們深思的問題：這些人在過著豪華的生活以前，經過怎樣的艱辛奮鬥？不付出努力，不學習別人的優點，只知道模仿別人，追求享樂，放縱自己，就會因此而迷失方向，進而讓自己沾染惡習，揮霍自己的人生。

我記得許多年以前曾經發生一件事情，令我印象深刻。有一位非常優秀的年輕人，在讀完莫里哀的《偽君子》以後，認為主角的生活令人羨慕，因此決定仿效主角的做法，做一個被毀掉的放縱之人。他的一些朋友問他，你知道莫里哀寫這本書的目的嗎？他是希望年輕人不要做一位被毀掉的放縱之人。然而，他已經無法自拔，他回答：「如果我可以成為一個享受快樂的放縱之人，被毀掉又有什麼關係？」可見，年輕人追求享樂沒有錯，但是如果行事的時候不懂得分辨是非，被表面的享樂迷住，最後帶來的只有毀滅。

我說這些，不是希望你年紀輕輕就成為禁欲主義者。事實上，我很樂意

為你指出體驗快樂的正確之途，並且也希望你盡快找到適合自己的娛樂。在享樂方面，你要從中獲得樂趣，還要有品味。同時，你也要知道，真正的享樂必須付出一定的代價才可以得到。一個無所事事而碌碌無為的人，絕對不會感覺到人生的歡樂。

如果一個人可以妥善處理娛樂和工作之間的關係，不僅可以收穫事業上的成功，而且還可以享受無盡的樂趣。雖然古希臘將軍阿爾西比亞德斯經常追求那些絕對稱不上高尚的享樂，但是他可以很好地安排時間，他會將一些時間用在學習哲學和工作上，並且取得卓越的成就。古羅馬帝國的凱撒大帝也可以很好地處理事業與享樂之間的關係，使得這兩者相輔相成和相得益彰。雖然在私生活方面他非常放蕩，誇張一點地說，他幾乎染指過所有漂亮的羅馬女性，可是他不是一味地放蕩，他會抽出時間努力學習，並且堅持實行。正因為如此，他才可以成為優秀的學者、雄辯家、軍隊統帥。

一個人如果一生中只知道追求享樂，根本無法享受到任何樂趣，而且這種行為還會為人所恥。每天都安排一些時間去學習或工作，反而可以讓人對生活的樂趣產生更多的嚮往。那些每天醉醺醺的酒鬼，那些整日好吃懶做的懶鬼，那些每天沉溺於女色之中的嫖客，永遠無法感受到生活的真正樂趣，他們過的只是行屍走肉一樣的生活。

如果一個人追求低俗卑微的樂趣，得到的只是感官上的一時享樂，而且這樣的享樂無法持久，令人蒙羞。如果一個人追求高貴優雅的樂趣，經常與上流人士交往，他的享樂不會失去品味，而且會持久快樂。這種享樂不會給人們帶來危險，也不會破壞人們的名聲。總之，對頭腦清醒而有理智的人來說，不應該也不可以將享樂作為主要的追求對象，而是應該把它當作放鬆心情的慰藉品。

女性對此的態度更是明確，她們最瞧不起那些荒淫無度，只知道沉溺於女色，不做任何正事的人（這種人，誰都會瞧不起）。她們把這樣的男人當作破舊的傢俱，只要有新的就換。

在選擇愛人的時候，女性依靠的不僅是理智，還會依靠自己的耳朵。如果她們聽到某位男士廣受讚揚，通常會激起她們的好感。男人表面的優秀，可以讓女人的虛榮心得到滿足。如果虛榮心對女性而言不是最強烈的情感，也是普遍存在的情感。女性總是喜歡追求那些風度翩翩而出類拔萃的男人，甚至還會為這樣的男人爭風吃醋。順便說一句，如果某位女性在競爭中取勝，俘獲這樣的男人的心，她遲早會成為這個男人的俘虜。

我希望你可以把自己的時間合理地分配給嚴肅的工作和高雅的娛樂。你應該利用白天的時間來學習，或是跟有學問的人探討一些嚴肅的問題。到了用餐的時間，除非有突發事件需要立刻處理，你要做的事情就是讓自己放鬆，好好享受這個時刻。有品味和層次的人在用餐的時候，會表現得非常節制，絕對不會做出有損顏面的蠢事，他們會在用餐期間談笑風生，讓每個人都感到高興。晚上，你可以和懂得禮儀而溫和高雅的人出去散步，或是聽歌劇，或是參加舞會和聚餐。此外，你也可以在晚上的娛樂中，結識一些優雅高貴的女性。這是一個真正有理智和會享受之人的生活。如果你這樣安排自己的時間，選擇自己的樂趣，就會讓自己得到提升，成為受歡迎的人，並且可以做出一番事業。

你瞧，我對你的要求並不苛刻，不會要求你現在就可以像我一樣穩重而周到。但是我必須告訴你，如果你和素質極差的人混在一起，染上他們的惡習，生活放縱，我永遠都不會原諒你。

再見！

1750年5月8日

於倫敦

第58封信：隨時警惕虛榮

一個真正的勇敢者向人炫耀自己的勇氣，反而會被人們認為是莽夫；一個才華橫溢的人向人賣弄才華，反而會讓人覺得華而不實。你要記住，不管自己具有什麼品德，擁有什麼優點，假以時日，別人總會發現。對於自己發現的東西，人們總是喜歡去讚美。

親愛的孩子：

你的學生生涯立刻就要結束，很快就要踏入社會，開創自己的事業。這個即將來臨的時刻對你非常關鍵，對我來說也是一樣。

一個商人如果想要做出一番事業，必須以誠信和禮貌為基礎。沒有誠信，沒有人會去他的商店；不講禮貌，也不會有回頭客。這種規則與公平交易不衝突。生意人可以在一定的範圍內，盡可能讓自己的商品賣出好價錢，也可以利用幽默感、奇思妙想、獨特品味招徠顧客，但是有一點絕對不能忽視，那就是：必須保證商品的品質，這是一切的前提。否則，如果有欺騙行為，一次就足以使其破產。

對一個人來說，不也是這樣嗎？如果沒有正直誠實的品格，缺乏良好的舉止和美德，踏入社會之初，就會因為受到輕視而黯然失色，人生就會像流星那樣，在天際一閃而過。

對於因為一時疏忽而做出一些失禮舉動的年輕人，人們往往可以理解。但是對於年輕人的品性，就算是微小的缺陷，人們都無法容忍。因為隨著年齡的增長，品格不會自己變好，我覺得它甚至還可能變得更糟糕。在現實生活中，從來不缺少年輕的騙子變得更老練，年輕的流氓變得更無恥的例子。

當然，也有一些在年輕的時候染上惡習的人，之後意識到自己犯的錯誤，並且產生強烈的罪惡感，最終在別人的幫助下，幡然悔悟（實際上，這種情形並不多）。

我真誠地期望，而且我也確實相信，你擁有完善的品格。可是，僅僅如此還不夠，你必須擁有一些討人喜歡的行為來表現自己的品格。我甚至覺得這樣依然不夠，你必須透過這些品格和行為，為自己樹立良好的聲譽。你的品格必須建立在牢固的基石上，否則它很快就會傾倒，甚至有可能傷及你自己。所以，你在剛開始確立自己品格的時候，就必須小心謹慎而一絲不苟。千萬不要受到任何事情、任何風潮、任何愚蠢的虛榮、任何流氓笨蛋的偏見的迷惑，因此敗壞自己的德行，讓自己蒙羞。

雖然你很年輕，但是也應該嚴以律己。只有從年輕的時候就嚴謹自律，才可以培養良好的品德。所有這一切，都與品德上的缺陷相關，例如：說謊、欺騙、妒忌、怨恨、誹謗。在你這樣的年紀，如果與良好的品德對抗，例如：對勇敢不以為然，經常大吃大喝，做事散漫懶惰，只會讓你墮落到罪惡的深淵。因此，你必須對自己嚴格要求，明辨是非善惡。但是也希望你對於別人的惡習，抱持寬容的心態，言辭不要過於尖銳。因為惡習需要一定的時間才可以糾正過來，當然還少不了理性的指導。如果一個人可以在各方面都保持純潔，他的品格就不會受到汙染。

接下來，我要接著你步入社會這個主題說下去，這對你的一生有巨大的影響。

初入社會，必須隨時警惕虛榮，特別是紈褲子弟那種表面浮華的虛榮，這是缺乏生存經驗的年輕人最常犯的錯誤。許多初入社會的年輕人，就是因此而誤入歧途，斷送自己的美好前程。很難想像，虛榮會有多少種侵入一個人內心的方式，然而可以肯定的是，虛榮如果進駐一個人的內心，就很難再被甩掉，要甩掉它的難度遠勝於甩掉一個牧師的稱號。

人們的虛榮心引發的後果往往事與願違，例如：有些人為了向別人表示

自己無所不能，於是在很多事情上獨斷專行，結果曝露在人們面前的卻是自己的無知和自以為是，因而受到人們的排斥。年輕人還有另一種比較常見的虛榮心，就是喜歡炫耀自己被很多女士青睞。他們喜歡向別人宣揚，某些有身分的美麗女士可以和自己發展密切的關係。果真如此，也不是什麼光彩的事情；如果只是滿口胡言，如果被人拆穿，就會更可恥。無論何種情況，最後都無法讓自己的名聲變好，只會變壞。

有些人為了滿足自己的虛榮心，喜歡用與自己沒有任何關係的東西來抬高自己，例如：他們會挖空心思地將自己與那些名人扯上關係；他們總是說自己的祖父或叔叔有多麼優秀；某個赫赫有名的先生是他的好朋友，但是實際上，這個朋友他也許從來沒有見過。即使他真的認識這些人，就會讓自己得到提升嗎？當然不會。相反的，只會證明他們就是無名小卒。要知道，名人不會攀附別人的名聲。所以，你必須隨時注意避免染上這種惡習。

如果想要獲得別人的讚揚，培養謙虛的美德是一個比較好的方法。一個真正的勇敢者向人炫耀自己的勇氣，反而會被人們認為是莽夫；一個才華橫溢的人向人賣弄才華，反而會讓人覺得華而不實。

我所謂的謙虛，並不是怯懦和扭捏，而是發自內心的堅定與從容，知道自己的價值，適度地表現自我。你要記住，不管自己具有什麼品德，擁有什麼優點，假以時日，別人總會發現。對於自己發現的東西，人們總是喜歡去讚美。

看在上帝的份上，在你獨自暢遊巴黎之前，請仔細考慮我說的這些話。與別人交往的時候，仔細觀察不同的人性，結合我對你在這個方面的教導，然後從容自若地應付形形色色的人。對於以後的發展，你應該早做打算，然後認真學習，不斷充實和完善自己的計畫。

再見！

1750年5月17日

於倫敦

第59封信：用掩飾來替代自我吹噓

與別人交往的時候，千萬不要過分自我吹噓或貶低，讓自己的品格告訴別人，你是一個怎樣的人就可以。不管它們把你「誇獎」成什麼模樣，人們都會相信，可是如果你想要取而代之，即使你說得再好，人們都會懷疑，甚至因此給人厭惡和荒謬的印象。

親愛的孩子：

很多人在與別人交往的時候，總是喜歡自我吹噓，這是不好的做法。我希望你可以積極地規避它，永遠都不要染上這種壞毛病。其實，不管你是自我吹噓，還是自我貶低，都不會讓交往的對象感到愉快。因為導致這兩種心理的主要根源，都是虛榮心在作祟。

我討厭那些總是拿自己作為話題的人，除非是因為需要為自己申辯或是為別人提供證詞。在我看來，與別人交往的時候，不管自我肯定是多麼切合實際，都不應該拿自己作為話題。如果你總是不斷地褒揚自己，就等於是貶低別人，以至於使對方產生厭惡感。是不是為了抬高別人，就應該總是自我貶低？也不必這樣，因為這也是虛榮心在作祟，和自我吹噓是一樣的。

所以，與別人交往的時候，千萬不要過分自我吹噓或貶低，讓自己的品格告訴別人，你是一個怎樣的人就可以。不管它們把你「誇獎」成什麼模樣，人們都會相信，可是如果你想要取而代之，即使你說得再好，人們都會懷疑，甚至因此給人厭惡和荒謬的印象。

虛榮心和自戀是人類固有的本性，它們的存在是合理的，也是一個人所需要的，所以我們不可能根除它們，但是可以警惕它們給我們設下的圈套或

是帶來的不利影響，將其限制在一定的範圍內。在這種情況下，我們需要對它們進行掩飾，例如：一個真正的英雄或愛國者，如果表面上看起來謙虛有禮，人們就會更喜歡他們，而且還會認為他們擁有良好的美德。請注意，我使用的是「表面上」這個詞語，我的意思是說：進行表面的掩飾，就可以獲得與自我吹噓完全相反的效果。

再見！

第60封信：表現得溫文爾雅

真正有智慧的人，會小心謹慎地掩藏自己的智慧，就像人們不會輕易顯露自己的錢財一樣。鋒芒畢露必定會遭到人們厭惡，適時透露才會贏得別人對你長久的喜愛。

親愛的孩子：

我希望你是一個有智慧的人，我也希望你具有良好的判斷力，使你知道在適當的時候表現智慧。我喜歡把智慧比喻為掛在腰間的佩劍，平時只需要讓它留在劍鞘裡，不必總是拿出來在別人面前比劃。如果你確實擁有過人的智慧，不需要刻意表現，它也會自然流露出來，否則只會適得其反。

智慧是一把雙刃劍，可以讓人如此耀眼，以至於每個人都喜歡它，但是如果無法妥善使用，也會深深地刺傷自己，所以很多人又畏懼它。只有那些真正有智慧的人，才可以真正地喜歡它。尺有所長寸有所短，千萬不要自以為聰明過人，忽略別人的優點。

如果將智慧用於諷刺別人，就會變成惡意中傷。可以諷刺別人的人，需要具備一定的智慧（諷刺可以表現出一定的智慧），否則也只是有口難言，可是聰明人絕對不會把諷刺當作智慧，只有傻瓜才會這樣認為。真正有智慧的人，會在適當的時機表現自己的才智，絕對不會透過諷刺的手段顯示小聰明。雖然諷刺的時候不會指名道姓來針對某個人，但是會傷害社交圈裡的每個人，因為他們會想著是不是在諷刺自己。所以，諷刺會讓所有人對你產生厭惡情緒，進而排斥你。厭惡和排斥是一對親密的鄰居，會相互促進，所以越有智慧越應該表現得謙虛和溫文爾雅，以此讓人覺得你和藹可親，寬恕你

的智慧。想要做到這一點，非常不容易。

有智慧的人的品格是如此耀眼，以至於每個人都想要得到它，即使是最呆板無趣的人也不例外。這些人經常會以為講無趣而呆板的笑話就是智慧的表現，可是事實上這樣只是徒有其表，甚至荒謬至極。

也許你會說，既然這樣，如何公正地看待自戀和虛榮帶來的假象，如何知道自己是一個有智慧的人？對此，我只能說：不要輕易相信自己的感覺，它有時候會矇蔽你；不要輕易相信自己聽到的，很多人總是喜歡說奉承話；要相信自己看到的，觀察上流人士的神情，看他們對你是表現出厭惡還是認同，需要仔細觀察才可以判斷自己是否與他們志同道合。但是，這樣還不能說明你是一個有智慧的人。真正有智慧的人，會小心謹慎地掩藏自己的智慧，就像人們不會輕易顯露自己的錢財一樣。鋒芒畢露必定會遭到人們厭惡，適時透露才會贏得別人對你長久的喜愛。

孩子，你要牢記我對你說的每句話，這些都是我對你的愛。我希望你瞭解：聰明才智會讓別人羨慕你，但是如果缺乏謙虛和溫文爾雅等其他品格，不可能讓別人真正地喜愛你。

再見！

第61封信：避免落入「學識豐富」的圈套

優點與缺點、美德與惡習，都是衝突的綜合體，存在密切的關係。如果優點或美德跨越某個臨界點，就會淪為缺點或惡習，這就是所謂的過猶不及。所以，實踐優點和美德也需要把握尺度，甚至要求人們比避免缺點和惡習具備更高的判斷力。

親愛的孩子：

優點與缺點、美德與惡習，都是衝突的綜合體，存在密切的關係。如果優點或美德跨越某個臨界點，就會淪為缺點或惡習，這就是所謂的過猶不及。例如：過分的慷慨大方，人們會認為你是一個奢侈浪費的人；過分的勤儉節約，人們會認為你是一個吝嗇小氣的人；行事過於大膽，人們會認為你是一個行事輕率的人；行事太過謹慎，人們會認為你是一個舉止怯懦的人。所以，實踐優點和美德也需要把握尺度，甚至要求人們比避免缺點和惡習具備更高的判斷力。

惡習的本性是醜陋的，如果沒有人給它戴上美德的面具，人們一眼就可以看穿它，正直的人絕對不會被誘惑。美德的本性是絢麗多彩的，人們樂於接受它，並且隨著認識的深入，會對它越來越著迷。因此，具備更高的判斷力就顯得非常重要，它可以將美德的積極一面呈獻給人們。同樣的道理，判斷力對於優點也是一樣的。因為一個人如果缺少必要的判斷力，優點也會轉化為缺點，以至於引起可笑的行為和過失。例如：一個擁有淵博知識的人，如果缺少判斷力，就會步入傲慢和賣弄學問的險境。我希望你有自己的判斷力，千萬不要讓自己具有的優點和美德轉化為缺點和惡習，成為人生道路上

的絆腳石。在這個方面，我會給你一些忠告：

　　我希望你不要像那些以學識為傲的「飽學之士」那樣，每天和人們談論一些陳腔濫調而全無新意的東西，時間太長會引起人們的不滿，以為你只知道這些瑣碎的閒話。我要求你知道得越多，越要表現得謙虛（可以讓一個人的虛榮心得到有效的遏制）。你可以對每件事情做到心中有數，但是不能表現得很有把握；你可以把自己的觀點講述出來，但是不要做出斷言；說服別人以後，也要對他們的觀點表現得寬容而豁達。

　　我希望你不要像某些喜歡賣弄學問的人那樣，總是喜歡談論古代的話題（他們以此為閒談的話題），好像現代的東西沒有古代的東西有用。他們喜歡隨身攜帶幾本古代的名著，總是在閱讀古人的作品，從來不會閱讀「沒有用」的現代作品，甚至他們還會天真地告訴你，人們在藝術和科學方面，自從西元1700年以來，根本沒有取得任何進展。我這樣說，不是想要告訴你，古代的知識可以完全不重視，只是希望你少吹噓一些古代的事物，吹噓古代的事物是無法融入現代社會的表現。我要求你在和別人談論現代社會的時候，不能顯示出鄙視模樣；說到古代的時候，也不要一味地盲目崇拜。你要因事制宜，最好可以從它們的優缺點來判斷。如果正好帶著一本古代經典名著，放在口袋裡就可以，不要拿出來炫耀。

　　有一些傑出的學者，總是喜歡對古代作家的名言警句進行改編，然後形成自己的話說給別人聽，以顯示自己有學問。其實，這樣做是非常荒謬的。首先，他們完全不知道，自從創世紀以來，兩個非常相似的名言警句已經不存在；其次，古代的名言警句產生的社會背景，就連最著名的歷史學家也不是完全明白。所以，我們不能為了讓人信服，不考慮實例本身發生的具體細節。我們可以從幾個相似的實例進行推論，但也是僅供參考，不能用來做教科書。

　　還有一些學者，喜歡透過聊天來炫耀自己的學問，即使是與女性聊天，他們也要引經據典，以顯示自己博學多才。他們為了顯示自己對古代的作家

有多麼瞭解，經常在談話中用綽號或特定的名字來稱呼他們，例如：他們會用「老荷」來稱呼荷馬，用「狡猾的流氓」來稱呼賀拉斯（西元前65年～西元前8年，古羅馬詩人和批評家），用「馬羅」來稱呼維吉爾（西元前70年～西元前19年，被譽為古羅馬最偉大的詩人）。這種行為被現代一些紈褲子弟仿效，這種人實際上毫無真才實學可言。他們對古代作家的花邊新聞瞭若指掌，然後在與別人交往時，滿懷自豪地講述出來，希望別人把他看作一個有學問的人。我希望你不要這樣做，這不是有學問的表現，而是愚蠢的行為。我要求你在不同的社交圈裡，使用不同的特定語言，避免大量地引用其他話語。千萬不要讓與你交往的對象覺得你比他們聰明，這樣會使他們疏遠你。

你擁有淵博的學識，不必在別人面前炫耀，只要讓別人知道你是一個有學問的人就可以。如果別人向你請教某些問題，你就告訴他；如果沒有人請教，你也不必在那裡賣弄。

孩子，你要記住，對一個人來說，學識是一種必要的裝飾品，如果缺少它，不能算是一個完美的人。但是，你也要盡力避免以上我講述到的錯誤行徑。雖然我希望你是一個集現代知識和古代知識於一身的人，但是你要瞭解，古代的知識只是一個參考，現代的知識才是你要詳細瞭解的。

再見！

第62封信：盡快學會獨立思考

　　你一定要盡快學會獨立思考。我希望你在處理任何事情之前，都要保持理性的頭腦，然後經過思考、分析、檢驗，最終得出正確和成熟的判斷。千萬不要被「看起來應該是這樣」迷住眼睛，也不要讓任何權威影響你的判斷，誤導你的行為。

　　親愛的孩子：

　　你已經到了獨立思考的年齡，雖然在你的同齡人之中還沒有幾個人可以做到，我還是希望你可以養成對是非和事物都深入探究的良好習慣，這樣才可以學習到沒有被扭曲的真理和更科學的系統知識。

　　但是老實說（因為我願意向你透露我的秘密），這樣對你確實近乎苛求，因為我也是在這幾年才學會真正的思考，才達到我現在要求你去做的程度。

　　早在十七歲的時候，我根本不曉得什麼是獨立思考，後來才略知一二，所以許多年以來，我沒有充分吸收和利用自己掌握的東西。我只是熱衷於把書本裡的東西全部往頭腦裡塞，或是一味地附和周圍夥伴們的想法（不管是對是錯）。我當時的想法是這樣的：與其皓首窮經地探求真知，還不如隨波逐流來得省事。之所以採取如此草率的態度，一來當時少不更事，覺得對任何事情都再三斟酌很麻煩；二來當時過於迷戀玩樂，根本沒有留下時間來思考。那個時候，年輕氣盛的我對上流社會也沒有什麼好感，甚至還有一些叛逆心理。

　　長此以往，自己的判斷力已經被偏見極大地扭曲。雖然自己對此不以為

然，但是壞毛病已經形成，對真理的追求也被頭腦裡形形色色的錯誤觀念所取代。但是當我醒悟以後，就下定決心學會獨立思考，嘗試用自己的頭腦判斷事物。一段時間以後，我發現自己對世界的看法有驚人的轉變，看任何事物都覺得有條不紊而井然有序，再也不會把別人的想法和觀點當作現實。

回想當年，我的第一個偏見是對古典主義的盲目崇拜。我信奉大量的古典書籍，並且盲目接受老師灌輸的結果，以至於逐漸形成這種偏見。那個時候我固執地認為，自從古希臘和古羅馬帝國滅亡以來近一千五百年之間，良知與正義在這個世界已經不復存在。你可以想像我的這種看法是何等荒謬和極端。我甚至堅信，正因為荷馬和維吉爾（古羅馬奧古斯都時期最重要的詩人）是古代人，所以是正確的；密爾頓與塔索是現代人，所以是錯誤的。當然，現在我不會這樣認為。

現在，我只要稍加判斷就可以發現，三千年以前的古人和現代人沒有什麼不同。要說變化，也只是隨著光陰的流逝，時尚和習俗有所改變而已，至於人類的本質，一直都沒有改變。與動物或植物一樣，現在的動物或植物與一千五百年以前或三千年以前的同類相比，也看不出有多少明顯的改變。可見，認為一千五百年以前或三千年以前的古人比現代人更勇敢、更聰明、更誠實，是很荒唐的。

有一些知識份子喜歡以學者自居，往往信而好古。空虛無知的人，則是沉迷於眼前事物的現代狂。其實，這些都是不可取的，因為古代的事物有其優點和缺點，古代的人也有其美德和惡習，就像現代人一樣。雖然我透過自己的獨立思考明白這個簡單的道理有些晚，但是總算沒有一直如此。

我的第二個偏見是：伴隨著對古典的崇拜，有一段時間，我曾經虔誠地相信，如果不信奉英國國教，芸芸眾生真的是毫無希望。當時，我不知道想要改變一個人固有的思維是非常困難的，所以總是想要把自己的看法強加給別人。其實，每個人對同一件事情都有自己的看法，並且在大多數情況下都不是一致的，這是很自然的現象。只要彼此之間很真誠，沒有惡意，就無可

指責，應該多多包容。

我的第三個偏見，源於對「上流社會」的態度。當時，我愚昧地認為，想要在社交圈出人頭地，就要裝出一副「玩世不恭」的模樣。因為我發現社交圈裡的這種人確實很受歡迎，所以我把他們當作仿效的對象。其實，我真實的動機還是擔心如果不這樣做會被那些真正追求流行的人嘲笑。

可是現在，我再也不會害怕被人嘲笑。我敢說，對那些以「玩世不恭」自居的當事者來說，無論他們自以為多麼博學或是多麼高尚，這些絕對不是什麼優點，更不會為一個人帶來光彩，反而是十足的缺點。所以，如果你盲目地仿效他們的玩世不恭，不僅無法贏得別人的重視，反而會讓人做出貶低你的評價。

孩子，你一定要盡快學會獨立思考，千萬不要像我年輕的時候那樣。我希望你在處理任何事情之前，都要保持理性的頭腦，然後經過思考、分析、檢驗，最終得出正確和成熟的判斷。千萬不要被「看起來應該是這樣」迷住眼睛，也不要讓任何權威影響你的判斷，誤導你的行為。我不是說，經過理性的思考以後，在任何情況下都可以做出正確判斷，因為人類的理性有時候也會出現問題，但是這麼做至少可以讓自己的犯錯率大大降低。

讀書或是和智者交流可以提升一個人獨立思考的能力，但是書中的觀點也不是完全正確的，所以你要嘗試用理性來指導自己，進行選擇性的吸收。此外，智者也會一時懈怠，偶爾失神，以至於得出錯誤的結論。因此，你千萬不要嫌思考太過麻煩，選擇完全「抄襲」別人的想法和觀點。

歷史上這類例子有很多，例如有一種觀點認為：「在專制的政治體制下，藝術和科學不可能得到繁榮發展，被剝奪自由的天才將會受到壓制。」我覺得這種觀點很有商榷的餘地。也許類似於農業那樣的產業，在專制的政治體制下，農民的權益無法得到確實保障，想要取得進步和發展或許很困難。但是，專制政體對數學家、天文學家、詩人、演說家是否可以產生壓制作用，我看就不是那麼回事。最簡單的原因就是：人類的腦細胞不可能因為

自由受到限制就停止工作而枯萎。

確實，專制政體可能會剝奪詩人或演說家表達某個特定主題的自由，然而他們心中所要謳歌的對象，卻是任何專制獨裁都無法奪走的，這樣已經留給他們足夠的主題去發揮才華。如果他確實是一位有才華的天才，就不必害怕因為喪失發表褻瀆、汙穢、煽動性作品的自由，擔心天賦受到遏制。這些在開明的政體下，也是會受到遏制。

可見，「在專制的政治體制下，藝術和科學不可能得到繁榮發展，被剝奪自由的天才將會受到壓制」的觀點是不可信的，甚至可以說非常荒誕。許多法國作家的成就足以證明，例如：拉辛、莫里哀、拉封丹，他們都是在路易十六的專制統治下，取得很高的文學成就。奧古斯都專制時代的那些優秀作家，也是在既殘忍又無能的皇帝統治下，創作流傳後世的佳作。此外，書信也不是在自由開明的政體下風靡一時，而是流行於掌握絕對權力的教皇利奧十世時期，以及獨裁的法蘭西斯一世統治時期。

在這裡，請你不要誤解我的意思，以為我在袒護專制政體。其實，我最痛恨的就是專制獨裁，它侵害人類的基本權利。

再見！

第63封信：抱持懷疑態度讀歷史書

對所有歷史事件都採取懷疑態度，並且讓這種態度成為習慣，有利於你保持冷靜而清醒的思維，也是你必須努力要達到的目標。

親愛的孩子：

如今的你，足跡遍及法國，對某些事情已經有一針見血的洞察力。更讓我高興的是：你在讀歷史書的時候，已經可以用懷疑的眼光去看待書中的問題。

在這個世界上，只看書卻不經過大腦判斷，不管書中的內容對他有沒有用，只是填鴨式地把它們全部塞進大腦，不加以整理和歸類就儲藏起來的人實在是太多了。久而久之，他們的大腦就會變成一個垃圾場，各種雜物聚集在此。

我認為，在瞭解有關歷史性的知識時，除了作者的姓名，對書中的內容不要囫圇吞棗，尤其是對於書中所敘述的觀點和所謂的正確結論更要注意。到底是對是錯，對多少錯多少，應該經過自己的大腦重新思考。特別是牽涉到某個特定的歷史事件，最好可以翻閱不同作者針對相同問題發表的不同見解，然後再加以綜合評判分析和比較整理，最後形成自己的觀點。

這是因為，我們無論如何也不可能知道真正的歷史面貌，歷史都是後人根據一定的個人或集體的價值判斷寫出來的，打上作者本身喜好的烙印是不可避免的。所以，對同一個歷史事件博採眾家之言，絕對不是什麼壞事。

就以古羅馬凱撒大帝被殺這個著名的歷史事件為例：翻開各種歷史書，幾乎所有的書對於這段歷史都進行描述，而且對這件事情的前因後果都說得

頭頭是道，但是我們卻不能完全相信這些論斷。

　　首先，在分析這個事件的真正原因時，我們必須把當時與這個事件有關的人物的想法和利害關係等方面的問題考慮進去，然後在這個基礎上，我們才可以判斷作者的觀點是否合理。在分析和判斷的過程中，絕對會有新的發現，說不定還會發現更重大的歷史因素。

　　在考慮相同歷史條件下相關人物的動機時，不要盲目輕信歷史學家給出的原因或動機，應該特別細緻，不要遺漏任何值得引起注意的問題。這是因為，人類的本性複雜而衝突，感情強烈而多變，意志起伏不定，人們的思想容易受到身體細微變化的影響，一天之中可能會以不同的形象出現。總之，人類每天甚至每時每刻都在變化。最好的人可能會做出一些壞事，雖然不是非常糟糕；最壞的人也可能做出一些好事，有時候甚至相當出色。這就是人類的實際情況。

　　然而，令人遺憾的是：我們在追尋一個歷史事件的因素時，總是從一些冠冕堂皇的因素切入，不容易找到事件發生或發展的真正原因。就以馬丁‧路德的宗教改革為例：這件事情發生的真正原因，有可能是由路德的金錢欲望受挫而引起，但是那些只注重政治概念的專家和學者，卻把當時所有與其相關的歷史事件，都套上政治性的動機，好像歷史事件除了政治因素就沒有其他因素。我對於這一點深感疑惑。

　　簡單地說，人類是一個衝突的混合體，所以人類的行動不會只受到人性中比較高尚的一面所影響。再聰明的人也難免做出愚蠢的事情，再愚蠢的人也可能做出聰明的事情。擁有喜怒哀樂，變化莫測，這是人類的本性。如果一個人的身體和精神狀況不好，他的舉止也會反常，這就是現實的人。即使消化系統良好、睡眠非常充足、行動極為果斷的男人，或許有時候也會消化不良、睡眠不足、情緒低落，甚至遇到小事也顯得畏首畏尾而膽小如鼠。因此，我們不能把所有的動機都與人類的高尚聯繫起來，這樣的推斷過於簡單化，也不容易得出正確的結論。

在考究人類在歷史事件中的真正因素時，無論收集多麼完備的資料，也不管怎麼努力地探究，對於真正的原因，仍然很難脫離臆測的範圍。

還是以凱撒被殺為例，一個毋庸置疑的事實是：一個二十三人的陰謀集團，暗算凱撒。但是根據一些史料記載，這個陰謀集團的二十三個成員，全部是由於愛好自由和熱愛羅馬，才勇敢地殺死凱撒。對於這個說法，我是無法簡單接受的。難道除了這個原因，就沒有其他的原因？難道這個真的是他們謀殺凱撒的主要原因嗎？

如果我們撥開歷史迷霧，也許會大吃一驚，發現謀殺凱撒的主謀布魯圖斯，其實是基於個人的尊嚴、嫉妒、怨恨、失望，或是其他動機而行動。也許這樣判斷有些武斷，但至少是基於這些個人動機中的一部分。

無論如何，我始終堅信，瞭解歷史可以有效地培養人們正確的判斷力和分析力，也是培養人們對事物抱持懷疑態度的最佳方法。事實也正是如此，自古以來，人們對歷史事實與動機的懷疑從來沒有間斷過，至少人們對和某個事實有關的各種背景，幾乎都是抱持懷疑的態度。

我們平常的所見所聞，對於同一件事情，也是公說公有理，婆說婆有理，更不要說距離現在幾千年甚至幾萬年的歷史史實。所以，我們應該心知肚明，所謂的歷史事實，其可信度是非常脆弱的。

我對你說這麼多，就是要讓你明白，不要盲目輕信書本上的知識，對於歷史學家所記述的歷史事實，我們無法確定是否公正。很可能他是在借題發揮和譁眾取寵，大做題外文章，或是想要提早結束那個章節。因此，我們在閱讀歷史類文章的時候，最好擁有懷疑的目光，就算那篇文章是由某位著名的歷史學者所寫，也一樣不要輕信，要獨立思考，自己做出判斷。

不管歷史真相究竟如何，對於生活在複雜社會中的我們而言，歷史遠比任何科學都來得重要。對所有歷史事件都採取懷疑態度，並且讓這種態度成為習慣，有利於你保持冷靜而清醒的思維，也是你必須努力達到的目標。

再見！

第64封信：掌握科學的讀書方法

當你圍繞某個主題有選擇地看書時，經常會遇到這種情況：每本書對同一個主題的講述都不太相同，甚至還會完全相反。這個時候，你可以再找幾本相關的書加以考證。如此一來，你就不會感到迷惑，甚至還會因此而加深印象，理解得更透澈。因為瞭解學術界的有關爭論，徵詢和傾聽別人的意見，有助於在腦海中形成這個主題的系統印象，掌握更完整的知識，就會終身難忘。

親愛的孩子：

社會就是一本厚厚的書，我希望你從現在開始閱讀它。我相信只要你認真閱讀，從中獲得的知識會遠勝於讀盡天下書。當你準備參加上流社會的聚會時，請暫時放下手中的書，你會從這種社會交往中獲得更多的知識，可能是幾倍，甚至是幾十倍或上百倍。

雖然如此，一個人還是需要不斷地從書本中學習知識。可是，我們每天總是被生活的壓力逼得到處奔波忙碌，一天之中，根本沒有多少時間看書。所以，請你務必每天抽出時間來看書，享受一段美好的讀書時光，讓心靈在這所港灣內寧靜片刻。如何有效而合理地利用這段有限的時間去讀書？關於這個問題，我想要提綱挈領地說幾點。

首先，不要把這段寶貴的時間花費在沒有太多意義的書本上。這類書大多是一些無聊的文人專門為那些同樣無聊的人而胡編亂造的，它們幾乎鋪滿每家書店的所有書架。此類書雖然無害，但是也毫無益處，你最好把它們扔得遠遠的。

其次，讀書要專精，最好鎖定一個主題，在沒有完全瞭解之前，絕對不要讀其他的書。以後，你可能由於工作的需要，還會涉獵到其他方面的一些知識，例如：歷史方面。在此，我建議你挑選現代史之中比較重要而有趣的時期作為精讀的重點，然後認真梳理，深入閱讀與其相關的書籍。如果你認為《庇里牛斯條約》值得閱讀，就要盡可能把那些與其相關的書籍都搜尋出來，然後再專心地閱讀，中途不要翻閱其他書籍。你可以閱讀一些可信度比較高的史書、文件、回憶錄、文獻，並且相互參照和分析比較。請不要誤會，我這樣說，只是希望可以幫助你提高閱讀效率，絕對沒有要你把它作為一門學問來研究的意思，你完全可以按照自己的方式支配時間。

當你圍繞某個主題有選擇地看書時，經常會遇到這種情況：每本書對同一個主題的講述都不太相同，甚至還會完全相反。這個時候，你可以再找幾本相關的書加以考證。如此一來，你就不會感到迷惑，甚至還會因此而加深印象，理解得更透澈。因為瞭解學術界的有關爭論，徵詢和傾聽別人的意見，有助於在腦海中形成這個主題的系統印象，掌握更完整的知識，就會終身難忘。

綜合以上所說，我歸納為三點：

第一，進入社會以後，沒有時間讓你看太多的書，你要學會在與各式各樣的人的交往中，學得更有用的知識。

第二，不要浪費時間閱讀那些無聊又無益的書。

第三，專心地瞭解某個主題以後，再循序漸進。

如果你按照此法長期堅持下去，就算你每天只讀半個小時的書，也會收穫很多。

再見！

第65封信：掌握學習歷史的方法

如何學習各國的歷史？首先，設法找到每個國家的簡明歷史書；接下來，從各國簡史中，標記你覺得最重要的歷史事件，例如：疆土變更、朝代更迭，然後根據這些核心問題，有目的地細讀與其相關的具體細節或是更廣泛的歷史背景，這樣做會節省許多時間。

親愛的孩子：

你現在正處於遊學期間，可以讓你方便地學習到各國的歷史知識，至少遇到問題的時候，可以隨時請教身邊精通本國歷史的人。如何學習各國的歷史？一個重要的途徑就是閱讀。但是我絕對不希望你像呆板的古文物研究者那樣，到處收集瑣碎的歷史片段，只有傻子才會這樣做。聰明的讀者往往會帶著問題去閱讀歷史上的重要事件，其餘的一般歷史事件則是走馬看花地涉獵，這樣做會節省許多時間。當然，這不是我要告訴你的閱讀方法，我將會教你用另一種方式來閱讀。

首先，設法找到每個國家的簡明歷史書；接下來，從各國簡史中，標記你覺得最重要的歷史事件，例如：疆土變更、朝代更迭，然後根據這些核心問題，有目的地細讀與其相關的具體細節或是更廣泛的歷史背景。在反覆咀嚼這些資料的過程中，請開動腦筋，思考是什麼導致此次歷史事件以及其產生什麼影響，力求有你自己的發現，這一點非常重要。

我還是給你舉出一個具體的實例進行說明吧！例如：你想要瞭解法國的歷史，可以先閱讀魯羌特爾寫的那本《法國簡史》。這本書基本上記述法國歷史上所有的重大事件，短小精悍、言簡意賅。如果你可以仔細地讀完這本

書，相信你對法國歷史的概貌已經可以了然於胸。

如果你想要對其中一些重大事件進一步深入瞭解，可以閱讀梅傑列寫的《法國史書》。還有幾本書和幾篇論文也很有幫助，有些對各個時代的各個事件記述詳盡，有些以獨到眼光觀察分析歷史事件，具有很高的參考價值。

如果你想要瞭解得更多，只要多加注意，到處都有學問，例如：與法國人交談的時候，你可以巧妙地把他引到對你有用的話題上，對於豐富你的歷史知識非常有用。一個法國人，即使是十足的門外漢，對自己國家的歷史也不會一無所知，或多或少都會知道一些，他們習慣於把不瞭解法國歷史當作一種羞恥。所以，你會經常看見法國人在讀歷史書，並且樂於把自己的見解毫無保留地對任何人和盤托出（他們以此為榮），就連婦女也不例外。

當然，你也不要誤解我的意思。我說這些話，不是要你在法國期間與所有人高談闊論歷史以及其他知識，因為不是所有場合的所有人都喜歡你這樣做，這需要你憑藉敏銳的判斷力進行區分。

再見！

第66封信：寫好商業信函

對於商業信函來說，最重要的是要清楚明晰，力求做到即使是世界上最糊塗的人來讀，也可以明白信中要說的問題，絕對不可以讓人看一遍之後竟然不知所云。對於商業信函來說，沒有什麼比「明確」更重要。此外，書寫正確和格調優雅也是必要的。

親愛的孩子：

我想要和你談論如何寫好商業信函。

對於商業信函來說，最重要的是要清楚明晰，力求做到即使是世界上最糊塗的人來讀，也可以明白信中要說的問題，絕對不可以讓人看一遍之後竟然不知所云。對於商業信函來說，沒有什麼比「明確」更重要。此外，書寫正確和格調優雅也是必要的。

商業信函最好是行文工整和語句流暢，注意句中的每個細節。不宜過多地使用我們在私人信件中經常用到的喜悅之詞、隱喻、比喻、對照法、警句，那樣只會讓人啼笑皆非和異常詫異。

就像正式的晚禮服，飾品過多，穿著過於繁瑣，都不適當。在商業信函中，無論文字還是文體，如果修飾得過多就會帶來反效果，簡潔而高雅，讓人覺得有威嚴，就是最好的。

在商業信函寫好之後，一定要站在第三者的立場上，反覆研讀每個段落和每句話，反覆思考意思是否清楚明瞭，有沒有讓人產生誤解的地方。

在商業信函中，代名詞的使用一定要謹慎，一定要明確指出「×××先生」「×××事件」。如果過多地使用「這個」和「那個」或「當事人」等

代名詞或指示代名詞，很容易指代不明，導致混亂。

在商業信函中，還有一點很重要：語氣要恭謹。特別是駐外的官員寫信回國，收信人通常都是自己的上司、支持者、被支持者等重要人物，更應該注意信中的禮節問題。

除此之外，還有一些細節最好也不要疏忽，例如：信紙的折法、信封的封法、署名。這些都可以表現出一個人的人格，都可能給人留下良好或是惡劣的印象。

商業信函不宜太長也不宜太短，意思明瞭是最重要的。如果因為修飾過多而產生錯誤，只會招來取笑，我們對這一點應該給予特別關注。

我一直不明白，你為什麼會把字寫得那麼潦草，一個四肢和視力都健全的正常人，如果用心，應該可以寫出整齊美觀的字吧！孩子，你現在最重要的事情就是養成認真書寫的習慣，把字寫得更漂亮。

對於寫作方面的其他技巧，我不想像寫作範本一樣，一字一句地教導你。但是，你立刻就要步入社會成為一個社會人，必須盡快學會各種商業信函的寫作方法和技巧。

以上各點，希望你可以透過實踐確實地把握。

再見！

第67封信：堅持不懈，勇往直前

不管你做什麼，都應該朝著完美的目標而努力。雖然在大多數情況下，我們無法做到完美，但是朝著這個目標不斷努力的人，總是比那些認為不可能實現這個目標而中途放棄的人，距離完美更近。堅持不懈，水滴石穿，就是這個道理，年輕人應該有這種拼勁。

親愛的孩子：

你從那不勒斯給我寄出的信，我昨天已經收到了。我相信，正如你在信中所說，你已經非常用心地遊覽那裡很多的名勝古蹟。你的這種做法，我很贊同，也很支持。對於值得參觀的東西，你都可以認真而細緻地看，而且要比大多數人更深入。看過新事物以後，談及自己的感受，如果只能回答：「我看過了，但是沒有仔細地看。」這是毫無意義的，充其量只是滿足當時的感官享受，還不如利用這段時間做其他有意義的事情。

在那不勒斯期間，你應該抽出一部分時間，與良師益友為伴，或是參加一些宮廷和上流社會的聚會，這樣可以讓你結識更多的優秀人士。我聽說，王子和王妃為人隨和，對陌生人總是樂於接待。所以，我希望你在空閒的時候，前去拜訪他們。

我從朋友那裡得知，在那不勒斯，你的穿著非常講究。這樣很好，年輕人就應該多注意自己的著裝，特別是在國外，尤其應該如此。在這裡，我想要給你一些建議：第一，你在選擇衣服的時候，不僅要注意質地，還要注意做工，剪裁是否得體，這樣的衣服穿在身上才會舒服；第二，穿上好衣服以後，你應該表現得輕鬆自在。在現實生活中，很多人穿上好衣服以後，就會

顯得特別拘謹，彷彿受到什麼約束，不像穿著平常的衣服那樣輕鬆自在，就失去穿著好衣服的意義。

毋庸置疑，與同齡人相比，你的知識比他們更豐富，修養也比他們更高尚，但是距離我心中所希望的形象還相差甚遠。我覺得，你還要不斷努力累積知識，培養良好的教養和優雅的禮儀。也就是說，讓自己成為一個高雅的人。像你這麼大的人，在這些方面絕對不是很圓滿，因為這些不是天生就可以學會，需要透過後天的努力慢慢累積沉澱。一個人只要想得到這些，就會觀察那些優秀人士的品格和禮儀，在這個過程中，就會不知不覺地學習到這一切。你要知道，在這個世界上，除了詩以外，其他東西都可以透過練習而模仿學會。

如果想要在上流社交圈裡樹立良好形象，受人歡迎，就要隨時注意，用心觀察那些優秀人士的風度、談吐、禮儀，將他們的長處集於己身。

到巴黎以後，你還要多練習騎馬、擊劍、舞蹈。它們不僅可以強身健體，還可以幫助一個人改善自己的儀表，我相信這些會引起你的關注。

我說這些話，完全是發自肺腑，希望你銘記在心。如果你可以接受我的忠告，實現我的願望，就可以擁有自信、堅定、正直、沉穩的品格。這些品格對一個人來說，絕對是不可或缺的。沒有它們，一個人就會顯得沒有教養；擁有它們，一個人就不會再怯懦和自卑。

此外，一個人將來可以取得多麼大的成就，與他現在交往的對象有很大的關係。所以，在你到達巴黎之前，我已經為你的這次旅行做出精心的準備——為你寫了許多推薦信（你到達巴黎之後就可以看到）。這些推薦信，有些是寫給博學多才的人，有些是寫給見多識廣的人，有些是寫給貴婦和名媛，我在信中請他們幫助你和教導你。我相信，只要你拿著這些推薦信，經常去拜訪他們，並且樂於接受他們的意見，你就會改掉許多缺點，學到自己需要的東西，變得日漸完美。

請告訴我，到目前為止，你已經讀完哪些義大利語著作，是否對這門

語言已經熟練掌握？我希望你抽出一些時間，仔細閱讀阿里奧斯托（1474年～1533年，義大利文藝復興時期的著名詩人）和塔索（1544年～1595年，義大利詩人，文藝復興運動晚期的代表）的著作，然後還要閱讀我向你推薦的其他義大利文詩歌。不管你的義大利語到達怎樣的程度，我希望你到巴黎之後，都要請一位義大利語老師，以及每個星期練習三次義大利語。這樣一來，你就可以一邊鞏固已經學到的東西，一邊學習新的知識，讓自己的義大利語日益精練。

不管你做什麼，都應該朝著完美的目標而努力。雖然在大多數情況下，我們無法做到完美，但是朝著這個目標不斷努力的人，總是比那些認為不可能實現這個目標而中途放棄的人，距離完美更近。堅持不懈，水滴石穿，就是這個道理，年輕人應該有這種拼勁。

一個人，特別是剛進入社會的年輕人，如果缺少這種拼勁，遇到挫折就氣餒，止步不前，就會失去很多機會，因為機會只留給那些勇往直前的人。所以，如果想要做出一番事業，就要內心充滿自信，敢於挑戰困難，一路前行，並且還要搭配謙恭有禮的外在表現。

對於自己的權利，一定要積極地捍衛，表面上給人們謙虛而慷慨的感覺，但是私底下卻要心思縝密，絕對不能馬虎。只要多與那些優秀人士交往，積極學習他們的做法，就可以學會這些。我這裡所說的優秀人士，是指廣受人們好評的人。在這個方面，我還有很多不能用文字寫下來的經驗，等到我們見面的時候，我會一併講述給你聽。

再見！

1750年5月24日

於倫敦

第68封信：集中精神，堅持前行

我希望在接下來的半年裡，你每天上午至少專心地學習六個小時。我這樣要求你，是為了讓你可以更好地完成航行。你應該瞭解，只有堅持不懈地努力，才可以有所收穫。

親愛的孩子：

在我看來，你就像一艘航行在各國之間的船隻，我一直希望你學有所成，安全靠岸。可是在你即將滿載而歸的時候，我又擔心你是否會遇到淺灘而擱淺。因此，我以朋友的身分寫這封信給你，希望你保持警惕，集中精神繼續前行，完成你剩下的航程。從我的朋友那裡得知，你最近的表現非常好，只要繼續如此，就可以讓你的航程圓滿結束。依靠我對你多年來的忠告和愛護，你不會讓我失望吧！

你現在的生活應該是艱難和枯燥的，因為你要把許多時間用在學習上。前些日子，由於你生病，休養一段時間，現在必須補回來。所以，我希望在接下來的半年裡，你每天上午至少專心地學習六個小時。我這樣要求你，是為了讓你可以更好地完成航行。你應該瞭解，只有堅持不懈地努力，才可以有所收穫。

晚上你可以出去娛樂，這樣不僅合理而且有益。但是，我不允許你利用晚上的時間參加一些低俗的聚會，這樣對你毫無益處。我希望你可以參加上流社會的聚會和演出，我還是要給你提出一些忠告：不要娛樂到太晚，以免影響第二天的學習。如果有人邀請你娛樂到很晚，你沒有必要為「拒絕他們」而感到不好意思。你可以告訴他們原因，以求得到諒解，例如：告訴他

們，我要求你上午必須學習，你不敢違背我的要求（我相信你可以說出更多原因）。但是對於某些人而言，你跟他們說得越多，他們越會恃寵而驕，越是強烈要求你一起娛樂到很晚。對於這種人，你可以簡短而有禮貌地回絕：「不行，我不敢這麼做。」千萬不要說「我不願意」，這樣會傷害他們的自尊心。

我可以想像到你每天學習的情景，也可以想像到你晚上參加上流社會的聚會，仔細觀察他們言行舉止的情景，還可以想像到那些低俗聚會的場面。我強烈地懇求你選擇前兩者，拋棄後者。

繼續沿著你現在走的道路前進吧，我的孩子。只要再堅持一年半的時間就可以，這就是我對你的期望。一年半以後，我保證你會成為自己的主人，我也很樂意成為你最好的朋友和值得信賴的朋友。你可以接受我的建議，但是不需要服從命令。其實，你已經不需要任何建議，除了那些由於你年輕而缺乏經驗所必須得到的建議。你也不再欠缺什麼，而是出於自己的喜好和快樂才有所追求。

再見！

第69封信：將注意力投入到當前的事情上

永遠不要把精力花費在過去或將來的事情上，而是要將注意力投入到當前的事情上。對眼前的事情都不能關注的人，不可能有很大的建樹。

親愛的孩子：

你寄出的畫像，我終於收到了。看完你這幅畫像之後，我也想要看你的全身畫像，更有助於我在心中建立你的整體形象，畢竟你已經離開我很久。我猜想，你一定比離開我的時候更高。但是，如果你的體重沒有相對地增加，我希望你可以讓自己的體重跟上身高的增長，這樣你的體形會更好。我深信，你在巴黎的鍛鍊，有助於你保持良好的體形。別人對我說，你的雙腿鍛鍊得很好，多參加一些學院舉辦的運動，可以從中得到很多好處。

我已經讓朋友為你布置校內宿舍，其他用品他也會在你到達之前辦齊。為了這件事情，我花費很多心思。我建議，無論如何，你最好可以住半年以上。你知道為什麼嗎？你想想，如果住在校外，天氣變壞的時候，就要冒著風雨趕往學校，更重要的是：還要花費很多的時間在路上。此外，如果住在校內，就有更多的機會可以接觸巴黎上層社會的年輕人（他們也住在校內），而且不需要花費太多精力和時間就會被他們接受，成為他們之中的一員。據我所知，所有去巴黎的英國人，都無法體會到這種好處。

你現在可以說流利的法語，很快就可以融入當地的社會，對你快速學會法國人的儀表和風度很重要。如此一來，你就可以在巴黎愉快地學習和生活，這在你的英國同胞身上很少見到。因為他們之中很少有人懂法語，無法與當地人進行流利地交談，進而使他們無論是參加普通的活動，還是出席巴

黎上流社會的社交聚會，都顯得語無倫次，所以經常給人們留下不好的印象，想要被法國上流社交圈接納就會更困難，無法學會法國人的儀表和風度，無法得體地表現自己。我說這些話都是有根據的，並不是信口雌黃，最好的例證是：在聚會中，條件優越的法國女士身邊，總是有很多獻殷勤的人，但是從來沒有一位英國人。因為他們無法說流利的法語，無法讓自己的言談舉止優雅得體，這樣一來，不管是獻多大的殷勤，收到的也只是冷眼。所以，這些英國紳士寧願與可恥的妓女和舞女鬼混在一起，也不願意鼓起勇氣與有身分和地位的貴婦結交。

懦弱膽怯和缺乏自信，是很多年輕男女墮入下等人圈子的主要原因。一個人如果認定自己無法取悅別人，就不會讓別人歡迎自己。如果內心充滿自信，或許還可以贏得別人的好感。你曾經遇到充滿自信、樂觀向上、進取心強盛的人嗎？我曾經遇到，他們給我的印象是：從來不會否定自己，從來不會被困難嚇倒，就算已經失敗好幾次也不會氣餒，而是重整旗鼓，再次準備衝鋒。我認為這種人最後總是會成功，至少會有很大的收穫。所以，我也希望你是一個充滿自信而樂觀向上的人，千萬不要像巴黎的那些英國紳士，受到別人的冷眼，輕易放棄與有身分和地位的貴婦結交。你要記住，充滿自信和樂觀的心態是成就事業的必要條件，即使有時候也需要韜光養晦和堅持不懈。

一個人必須有能力去判斷什麼是不可能實現的事情，什麼是雖然實現起來相當困難但是經過努力卻可以達成的事情。只要堅持不懈，一種方法失敗了，積極尋找另一種方法，總是可以找出解決困難的正確方法。在此，有一個要點，我不得不說出來，那就是：關注，機敏地關注，對於做任何事情都非常重要。永遠不要把精力花費在過去或將來的事情上，而是要將注意力投入到當前的事情上。對眼前的事情都不能關注的人，不可能有很大的建樹。

注意力不集中的人也會觀察，可是觀察到的東西往往比較凌亂，不成體系，讓自己迷失方向，最終無法持久地追求任何目標。如果你發現自己有這

樣的傾向，請提高警覺，只要現在下定決心改正，還是可以消除它。如果縱容它變成自己的習慣，就很難再根除，至於是否會帶來其他方面的麻煩，我也不知道。

　　前幾天，我與一位從羅馬回國的朋友見面。他和我談論一些關於你的事情，他說你的個人修養非常好，在羅馬最知書達禮的文雅人士之中，受到熱烈歡迎。對此，我感到非常高興。相信你到巴黎以後，也會贏得歡迎，得到別人的熱情款待。因為在巴黎，人們對於尊敬自己和願意取悅自己的人特別友善。但是初到巴黎的人不要忘記，生活在巴黎的法國人不僅希望別人恭維自己，也希望別人表現出對法國的熱愛，對當地風俗和禮儀的尊重。

　　再見！

第70封信：遠離放蕩的生活

　　年輕人往往錯誤地把花天酒地當作真正的享受生活，實際上這兩者有天壤之別。那種「花花公子」式的享受，都是低劣的、不光彩的、可恥的，也會玷汙一個人的品性，並且蠶食他的錢財。

　　親愛的孩子：

　　到巴黎之後，你就要開始一個人獨立生活。在此之前，我想要針對某些問題和你好好溝通，以便加深彼此之間的瞭解。這是防止以後我和你之間，針對這些問題發生爭端的有效方法。

　　錢財是世界上許多不幸的根源，也是導致很多父子之間發生爭吵的導火線。通常情況下，在父親看來，他給孩子的零用錢已經夠多了，可是孩子總是覺得不夠。其實，這是一個雙向的問題，父子兩人的想法都是錯誤的。

　　你必須公正地認識到，迄今為止，我從來沒有苛扣或是不給你零用錢，我總是滿足你任何必要的有意義的花費。說到這裡，我順便提一句，你這次旅遊的開銷超過我的預期，對此我沒有抱怨什麼吧！你認為如何？

　　我在這裡向你保證，對於那些必須的生活費，我會非常樂意提供，絕對不會因此與你發生爭吵。但是生活費的支付必須有具體的數額，我正在核算這筆費用並且會盡快通知你。我會給你一筆固定的津貼，或是視情況來決定是否取消這筆錢。雖然我很明白應該給你多少錢，但還是要看你的預算，這樣一來，就可以大致瞭解你掌控財務的能力。

　　現在，我要告訴你的是：如果我給你的錢，你都可以用在實處，我就會一直給你錢。如果你隨便地使用這些錢，或是花在一些卑鄙的事情上，我現

在就可以告訴你，我將會暫停提供生活費給你。

在巴黎，你將擁有自己的四輪馬車和貼身男僕，以及一個體面的住所。我會讓你打扮得光鮮亮麗，就和那裡的時尚人士一樣，至少不會比別人差。但是你一定要注意，要像真正的紳士那樣穿著得體。如果是這樣，我很樂意支付這些費用。

與英國相比，在巴黎生活，所需要的其他方面的花費都要少很多。幸好目前巴黎還沒有出現在酒席上一擲千金和巨額募捐的惡劣習氣，否則我害怕你染上這種惡習。考慮我樂意為你支付的一個紳士在巴黎的必要開銷之後，現在來談談我無法接受也不願意支付的費用。

首先，在這些我不願意支付的費用中，我最反感的就是賭博。雖然我沒有理由懷疑你會染上這種惡習，但是我還是要告訴你，我絕對不會為你償還任何賭債。也許你會以自己的名譽向我保證這樣的事情絕對不會發生，但是如果你不守信譽，發生這樣的事情，就很難再得到我的信任。

其次，庸俗之人的低級娛樂比高雅之人的高尚娛樂花費更多。與庸俗的人在一起，你通常要為酒後鬧事賠償許多錢給酒館老闆，但是與高雅的人在一起，就算偶爾放縱，花費的金錢也絕對不會超過前者。因此，我絕對不想聽到你在酒館打架的消息。

現在，我想要和你談論另一個重要的問題，就是關於你在巴黎與女性的交往。我不想站在宗教和道德或是父親的立場，與你談論這個問題。我甚至想要拋開自己的年齡，以一個懂得享樂的人的身分和你談論。記住，我絕對不會為你支付嫖妓的費用，而且也不允許你把錢花在歌女和舞女身上。我必須告訴你，如果你真的這麼做，不僅是我，任何頭腦清醒而有理智的人都會看不起你。

年輕人應該盡量避免拿自己的健康和財產冒險。在巴黎，很多時尚女子都喜歡將風流韻事視為自己的職業。老實說，如果你做出這樣的事情，我絕對不會原諒你，而且你的身體也不允許你這麼放縱自己。雖然生病可以治

癒，可是十有八九會讓你的肺越來越糟糕。我深信，以上告誡會對你有幫助。我要向你聲明，如果你做出上述提到的事情，在一年之內，我不會提供任何生活費給你。

最後，還有一項愚蠢的開銷讓我無法容忍，就是把錢花在禮品店的那些東西上。如果你吸鼻煙，可以擁有一個漂亮的鼻煙盒。你也可以有一柄鋒利的佩劍，但是絕對不要買一些外表好看但是毫無用處的東西。

說了那麼多，你應該已經明白我的意思。我真心希望你把錢花在必要的地方，例如：紳士需要的服飾和高雅的休閒，我絕對不希望你把錢用在花天酒地上。我們之間的這個協議，不是老人的苛刻和吝嗇，而是我對你的附加條件。如果你可以按照這個協議行事，我向你承諾，我會準時把生活費寄給你。與此同時，我也要再次提醒你，你必須謹慎地執行這個協議，否則我將會取消你的生活費。希望我說的這番話是多餘的，因為我們之間的感情比金錢更重要更可貴。但是我還是要把話說清楚，讓你有心理準備，以防最糟糕的事情發生時，你以「不知者無罪」為藉口，推卸自己的責任。

既然我剛才說到「花天酒地」這個詞語，我想要為此而補充幾句。年輕人往往錯誤地把花天酒地當作真正的享受生活，實際上這兩者有天壤之別。那種「花花公子」式的享受，都是低劣的、不光彩的、可恥的，也會玷汙一個人的品性，並且蠶食他的錢財。一個放蕩而可恥的男僕或看門人，會讓最優秀的人染上這種惡習。說實話，我年輕的時候最明智的事情，就是從來都沒有花天酒地，我最厭惡和蔑視這種人。

記住，我對你在巴黎的所作所為瞭若指掌，請你務必遵照我們的協議行事……

再見！

1750年11月8日

於倫敦

第71封信：使自己的言談更具魅力

為了使自己的言談具有更強的感染力，只讓道理和學識以條列的方式表達出來是不夠的，更重要的是：抓住聽眾的興趣、心情、感官。你要瞭解，想要做到這一點，就要依靠演說時的神態、表情、風采、格調、聲調、語法錯誤之有無、獨特的主題，以及抑揚頓挫和張弛有度的許多細節。

親愛的孩子：

我今天向上議院遞交一項議案，這項議案的主旨是：亟待將儒略曆改為格里曆。現在，我想要和你談論這件事情背後一些特殊細節，希望對你以後遇到類似事情的時候會有一定參考價值。

眾所周知，儒略曆是一種紕漏比較大的曆法，現在已經比回歸年（1回歸年＝365.24219879日）慢十一天。教皇格里高利十三世修正這個錯誤，形成新的格里曆（也就是現在的西曆），他修訂的新曆法很快就被歐洲天主教國家所接受。接著，一些不是天主教的國家也採用這個曆法。現在，歐洲沒有採用新曆的國家只有俄國、瑞典、英國。我認為，如果英國還抱著舊的儒略曆不放，會給政治和商業上的通信造成許多不便。因此，我覺得英國現行的曆法非改不可，並且提出改用新曆的議案。

為了讓你全面瞭解這件事情的經過，接下來我會講述得更具體。

首先，我專門諮詢國內最好的法律專家和天文學家，並且邀請他們共同起草一份議案。但是很快的，我就覺得麻煩來了，因為議案中有很多不可缺少的法律術語和天文學上的複雜公式，我在這兩個方面是一個十足的門外漢。但是，為了讓議案順利通過，我必須讓上議院的人覺得我是一個行家，

而且還要讓那些與我一樣的門外漢也對相關的情況有概略的瞭解。

對我來說，只要深入學習，給那些上議院的議員說清楚天文學上的一些現象，應該不是什麼難事。但是，對那些議員來說，即使我說得再有道理，他們也會對那些晦澀深奧的天文學術語失去興趣，這樣一來，我的議案絕對無法順利通過。於是，我決定改變只告訴他們枯燥知識的做法，改用捕捉議員們求新求奇的心理，吸引他們的注意。我講述曆法的歷史給他們聽，從古埃及的曆法一直說到格里曆，其間還經常穿插一些奇聞逸事，並且在講述的過程中，我非常注重利用措辭、修辭、語調等技巧，甚至手勢之類的肢體語言。這一招果然奏效，我成功了。他們之中很多人都覺得我的表述很清楚，聽完我的演講以後，學到很多新的知識。實際上，我只是做出一些生動有趣的描述，並沒有從學科的層面去闡釋。

在我完成演講之後，接下來發言的是享譽歐洲的數學家和天文學家——麥克爾斯菲爾德伯爵（這次議案的起草人之一）。他以專家的身分，把許多很複雜的學術問題都講得透澈明白。然而，他的陳述方式卻讓人大失所望，沒有優雅的措辭，在停頓和談吐方面也比不上我。最終，他的演講沒有得到議員們的好評。相反的，反而是我那個沒有多少科學術語的演說，贏得一致的讚賞。

這是不公平的，畢竟麥克爾斯菲爾德伯爵才是專業人士，但是議員們不管這些。所以，為了使自己的言談具有更強的感染力，只讓道理和學識以條列的方式表達出來是不夠的，更重要的是：抓住聽眾的興趣、心情、感官。你要瞭解，議員們參加會議依靠的只是耳朵和眼睛，根本沒有多少時間閱讀你的議案，所以在演講的時候，一定要滿足他們的耳目之欲。想要做到這一點，就要依靠演說時的神態、表情、風采、格調、聲調、語法錯誤之有無、獨特的主題，以及抑揚頓挫和張弛有度的許多細節。

看到這裡，你也許會發現，將來想要在下議院建立良好形象，只憑藉樸實無華的知識和邏輯是不夠的，還要依靠優秀的口才。如果你這樣以為，真

是太好了。我像你這麼大的時候，已經意識到口才的重要性，並且在生活中注意運用。我當時是這樣做的：即使是再普通的談話，在表達觀點的時候，都使用最有表現力和最優雅的詞語。這樣持續幾年以後，我發現自己對口才的要求已經成為一種習慣——如果我在表達觀點的時候，沒有達到最好的效果，讓聽眾得到滿足，就會不由自主地覺得難受。我希望你也可以把培養自己的口才當作生活的一部分，然後形成習慣，對你以後的幫助非常大。

你應該讓自己成為一個很有分量的人。我所說的很有分量，是指要有重量，又要閃閃發光。你要知道，只有重量卻沒有光澤，只是一塊鉛，而不是黃金。想要達到這樣的程度，就離不開優雅的言行舉止。只有憑藉優雅，才可以得到別人的好評，為自己增色，並且步步高升。

坦白說，我希望你在寫作風格和談話技巧方面，向博林布魯克伯爵（1678年～1751年，英國政治家和政治作家）學習。毫無疑問，他的風格遠非別人能比。你的書架上應該有他的書，可以找出來反覆閱讀，體會他的寫作技巧，然後摘錄重要的片段，努力地模仿，對你以後的日常生活交流和工作，都有重大的意義。學會博林布魯克伯爵的寫作和談話技巧，就可以輕易地取悅別人和說服別人。

再見！

1751年3月18日

於倫敦

第72封信：學會品評戲劇藝術

巴黎的人們都熱衷於對戲劇的評論。那些評論不僅可以提升品味，而且還可以提升個人的判斷力。對於別人的看法，你應該學會去傾聽和理解，然後有禮貌地接受，並且進行冷靜的分析和判斷，形成自己的觀點，最後才可以用溫和的方式表達出來。

親愛的孩子：

最近公演的戲劇《瓦農》，你看過沒有？如果你看過，對它有什麼感覺？請寫信告訴我，讓我有所瞭解，因為我想要把自己對戲劇的品味傳授給你。

我聽看過這部戲劇的人說，這部戲劇的情節和懸念都非常出色，情節波瀾起伏，懸念出人意料，但是台詞卻一般，甚至有些牽強附會。巴黎的人們都熱衷於對戲劇的評論，所以我猜測現在巴黎的街頭巷尾應該都在談論這部戲劇。那些評論不僅可以提升品味，而且還可以提升個人的判斷力。在英國，也有很多人喜歡評論戲劇，可是英國人在評論戲劇的時候，總是喜歡誇誇其談，這樣的評論多少有些脫離實際，既不會讓人感到愉悅，也不會給人指導意義。我之所以這麼說，是因為英國的婦女（通常都是女士們說個不停）沒有法國的婦女那麼見多識廣，也不像法國的婦女那樣受過良好的培養和教育。此外，英國的婦女天生就比較嚴肅和沉默。

我真的希望英法兩國的劇院可以達成共識，並且形成契約，然後依據契約對本國的戲劇藝術做出適當的調整。在我看來，這個契約應該包括以下條款：制止英國戲劇對戲劇應該有的統一性的踐踏行徑；摒棄那些頻繁出現在

英國戲劇舞台上的凶殺、拷問、死屍，或是牲畜屍體的恐怖場景；在人物對白方面，要求法國戲劇中增加一些肢體語言，減少大段慷慨激昂的辯論；為了遵循戲劇的統一性，要求兩國的戲劇減少一些不必要的台詞和情節；要求英國的劇作家適當約束他們那些肆無忌憚的行為（英國的劇作家是混亂的代表）；要求法國的戲劇界給予法國的劇作家更多的自由（法國的劇作家是強權制國家中最卑微的奴隸）。

如果英法兩國的戲劇界可以形成以上的契約，觀眾就可以看到一種全新的戲劇：劇中的台詞長度適中，不至於讓人睡著；觀眾不會因為劇中的情節和場景而嚇壞；偶爾也會打破時間和地點的統一性，戲劇的演繹時間突破24小時的限制，故事發生的地點也可以從封閉的室內延伸至戶外的某條大街或是某個小鎮。

我認為，劇中深邃的智慧和豐富的想像應該引起人們的加倍注意。我承認，劇中某些王子或英雄在抱怨自己受到的痛苦和不幸時，確實感到不太自然。但是，如果不讓他們在劇中用一些時間抒發內心感受，悲劇就無法繼續演下去，除非採用借助古代的合唱團來抒情，可是這樣的手段似乎更荒唐。欣賞悲劇在某種程度上，是一種自欺欺人的行為。我們必須讓自己融入想像的世界，才可以體驗悲劇中蘊藏的情感。

悲劇要來自於現實生活，又要高於個人情感，否則就無法讓我們感動。站在人類的本性上說，最強烈的情感通常都是無法用語言表達出來的。可是在悲劇中，這種情感需要透過主角之口高雅地說出來，因此就要借助於台詞。法語有一個缺陷——無法表達韻律感，使得法國的悲劇表演有些美中不足。

戲劇與悲劇相比有很大的不同，它也需要源自於生活，但是比悲劇更貼近生活，更接近個人情感。劇中設置的每個角色都要在舞台上說話，台詞不僅要和劇情的發展相互對應，還要符合人物的身分。基於這個因素，我認為喜劇的台詞不需要講究韻律，除非出現在那些瘋狂劇作家的作品中。

在我看來，從本質上說，歌劇是荒謬而奢侈的東西。它是魔幻的世界，讓人感到迷惑，讓人喪失判斷力。歌劇從開始到結局都充斥歌聲和樂聲或鐘鼓聲，劇中的人物角色和裝飾場景的山川樹木與飛禽走獸，都會隨著奧菲斯的伴奏，不自覺地一起翩翩起舞，超出現實生活的範圍之外。我每次到劇院去欣賞歌劇，總是將自己的理智和判斷力拋在腦後，只要用眼睛去看和耳朵去聽就可以。

以上就是我對戲劇的看法。我承認，我的很多觀點有別於英法兩國傳統的欣賞品味。就算是這樣，我也不會輕易改變自己的觀點，就像坦誠的異教徒不接受傳統教會的教條那樣。像我年紀這麼大的人，選擇符合自己品味和思考的東西才是最重要的，至於別人是不是對此說三道四，我不必在意。雖然與我們相比，年輕人有許多優勢，但是在堅持自我這個方面，年輕人卻比不上我們。有時候，你們為了跟隨時尚潮流，不得不在表面上適度地遵從傳統的品味，或是接受別人的觀點。但是私底下，年輕人也可以用溫和的態度，對公眾的觀點或偏見表示不同的看法。對於別人的看法，你應該學會去傾聽和理解，然後有禮貌地接受，並且進行冷靜的分析和判斷，形成自己的觀點，最後才可以用溫和的方式表達出來。

再見！

1752年1月23日

於倫敦

第73封信：努力向完美靠近

　　無論身處何方，請與各種上流人士保持往來，隨時關注他們的言談舉止，向那些你認為在某個方面非常傑出的人學習，然後將你學到的各種長處綜合起來，為己所用。這樣一來，才可以不斷地提升自己，向完美一步一步地靠近。

　　親愛的孩子：

　　在信仰、政治、道德方面，人們都極力追求完美。然而，不是所有人都可以達到完美，更何況還要為此付出很多努力。顯而易見，那些凡事追求完美的人，往往距離完美更近一些。但是，那些悲觀消極和好逸惡勞的人如果想要達到完美，可以說是天方夜譚。

　　同樣的，日常生活中也是如此。那些以完美為目標的人，往往可以更接近完美的生活。那些意志消沉而懶散放縱的人，總是愚蠢地安慰自己：「這個世界上沒有所謂的完美，所以想要擁有完美的生活，簡直就是癡人說夢。然而，我還是會盡量做好，但是絕對不會為了追求不存在的完美而自尋煩惱。」相信不用我對此進行剖析，你也可以看出這樣的話是多麼荒謬和愚蠢。信奉這種話的人，往往在自己的人生道路上不會積極表現，也無法施展自己的才華和抱負。

　　那些明智而有勇氣的人往往會說：「雖然每個人都有自身的缺陷，想要達到完美十分艱難，但是我不會因此而放棄，我會盡自己的最大能力，朝著這個目標努力。每天進步一些，總有一天會觸及這個目標。就算始終無法觸及它，我相信自己的努力也不會白費。」

許多愚蠢的人在和我聊天的時候，每當我提到你，他們總是十分驚訝地說：「怎麼？你想要讓你的兒子成為完美的人？」

　　我總是反問他們：「有什麼不可以的嗎？這對他和對我有什麼壞處？」

　　他們立刻說：「這是根本不可能的事情啊！」

　　我說：「我也不能確信一定可以做到。我不得不承認，理論上的完美很難達到，可是讓自己的品性達到完美應該是可行的，這也是我希望他可以做到的。」

　　他們接著說：「你的兒子頭腦機靈、本性善良、學識淵博，而且總是在進步，你還奢望什麼？」

　　我回答：「還有很多。我希望他的行為舉止得體，談吐和風度讓人如癡如醉，做事全心地投入，不斷完善自己的品格。這樣對他的頭腦和秉性與學識，不會產生不良影響吧！」

　　他們又說：「可是他很受朋友的歡迎啊！」

　　我很高興地說：「感謝你們這樣誇讚他，但是我更希望第一次遇見他的人也可以喜歡他，並且在進一步交往以後，好感會變得更強烈。」

　　他們反駁：「你的兒子已經這麼優秀，再關注這些細節似乎沒有任何意義。」

　　我也反駁：「如果你們覺得這樣做沒有任何意義，你們就太大意了。關注更多的細節，讓品格更完善，才可以贏得更多人的支持。在這個方面，只依靠理解力是不夠的。我寧願他在語法和歷史或哲學上有什麼缺點，也不願意看到他因為言談舉止的過失而被別人嘲笑。」

　　「可是你要知道，他現在還年輕，以後會讓自己更完善。」

　　「這樣最好，可是如果沒有在年輕的時候打下良好的基礎，將來怎麼可能做到完美？」

　　「他一定可以做到，你放心吧！」

　　「可是我希望他做到更好。對於現在的他，我已經很滿意，但是我希望

他成為一個光彩奪目而出類拔萃的人，以後以他為榮。」

「你看過全身都是優點和才華的人嗎？」

「我當然看過，博林布魯克伯爵就是這種人。他具備所有人的優點，是一位行為舉止優雅得體的朝廷重臣，也是一位堅定果斷而睿智勇敢的政治家，還是一位學識淵博的學者。就像你們剛才說的，我的孩子也有許多美德，為什麼他不能成為像博林布魯克伯爵一樣的人？沒有什麼可以阻止他成為完美的人，除非他自己認為不能。但是，我絕對不相信他是一個懶散疏忽或是沒有鬥志的人。」

孩子，這是昨天我和一些朋友的對話，現在我如實地轉述給你，你可以自己做出決定。如果你覺得我的話對你有幫助，請付諸行動吧！我希望你無論身處何方，請與各種上流人士保持往來，隨時關注他們的言談舉止，向那些你認為在某個方面非常傑出的人學習，然後將你學到的各種長處綜合起來，為己所用。這樣一來，才可以不斷地提升自己，向完美一步一步地靠近。

再見！

1752年2月20日

於倫敦

第74封信：閱讀各國的經典名著

認真閱讀各國知名作家的經典著作，不僅可以擴充知識和豐富想像力，而且它們還是上流社交圈經常閒聊的話題。所以，抽出一些時間，學習這個方面的知識是非常值得的，會讓你成為社交時的亮點。

親愛的孩子：

不知道阿里奧斯托的詩作《瘋狂奧蘭多》你讀到哪裡？那篇充滿真理與謊言以及莊嚴與放縱的最具特色的詩，你讀到了嗎？

我敢肯定，在構思和用語方面，《荷馬史詩》也沒有阿里奧斯托這部作品獨特和栩栩如生。有什麼比艾希納的人生和宮殿更吸引人更豪華？又有什麼比在月光下搜尋奧蘭多和別人丟失的智慧更具獨創性更誇張和放縱？所有這些情節都值得一讀。

在我看來，《瘋狂奧蘭多》不僅是一部文字優美的詩歌，更為所有現代故事和小說或是寓言和傳奇尋找素材提供泉源，就像借助古代各種神話傳說故事，讓古羅馬詩人奧維德寫出《變形記》一樣。

此外，如果你可以用義大利語通讀這部作品，你的義大利語就沒有什麼問題。之後，你在讀塔索的《被解放的耶路撒冷》和薄伽丘的《十日談》，就不會有什麼困難。這三部作品是義大利的經典著作，對你很有幫助。

作為一名紳士，你應該瞭解各國的經典名著，例如：法國作家布瓦洛、高乃依、拉辛、莫里哀的著作，英國作家密爾頓、德萊頓、波普、史威夫特的著作，義大利則是以上提到的三位作家的著作為主。至於德語的經典著作，就不用我推薦，你應該已經有所瞭解。認真閱讀各國知名作家的經典著

作，不僅可以擴充知識和豐富想像力，而且它們還是上流社交圈經常閒聊的話題。既然你懂得這些國家的語言，而且記憶力也不錯，抽出一些時間，學習這個方面的知識是非常值得的，會讓你成為社交時的亮點。

你曾經接受良好的教育，具備許多人沒有的優勢，例如：你精通的多國語言，可以讓你直接閱讀知名作家的原著，不需要借助那些多少有些瑕疵的譯本；可以讓你和不同國家的紳士直接交談，而不懂這個國家語言的人就無法做到。你要知道，在生意場上，一個有力度或強度的詞語可以促成一筆生意；在談判桌上，處於下風的一方可能會因為適當地使用某個詞語而佔據上風，處於上風的一方可能會因為使用某個不適當而粗俗的詞語而落為下風。

現在你已經掌握四種語言，我希望你可以進一步深入學習，以便你在使用這四種語言的時候更準確適當而優雅得體。你可以透過「閱讀一些關於經典名著的評論文章，並且向那些知識淵博的人請教作品中的獨特之處」來提升自己的語言程度。市面上有一些關於法語語法的書籍，你可以買來看看。義大利語和德語也應該有這個方面的書籍，我建議你可以翻閱。

既然你已經掌握這些語言，讓自己說得更流利，不是更好嗎？你要記住，看到一個努力學習當地語言並且可以說得非常流利的外國人，本地人總是很高興的。因為這樣可以滿足他們的民族優越感，減輕他們心中的排外意識。

再見！

1752年3月2日

於倫敦

第75封信：人類需要有欲望

一個缺乏對讚揚和誇獎的欲望的人，會喪失鬥志、漫不經心、無精打采，無法讓自己的潛能全部發揮出來，最終可能小有成就，也可能一事無成。擁有強烈欲望的人，總是可以如願以償，在這一點上，確實值得學習。

親愛的孩子：

對於欲望，我寧願用一個比較優雅的名字稱呼它，例如：對讚揚和誇獎的需求。我之所以這樣認為，是由於在我看來，欲望是指導人類行為最普遍的心理。我不敢說它是最好和最有效的心理，因為欲望在某些時候會促使人們做出愚蠢的事情，甚至犯罪。但是在大多數時候，欲望可以促使人們努力前行，所以它是值得珍惜並且宣導的。一個缺乏對讚揚和誇獎的欲望的人，會喪失鬥志、漫不經心、無精打采，無法讓自己的潛能全部發揮出來，最終可能小有成就，也可能一事無成。擁有強烈欲望的人，總是可以如願以償，在這一點上，確實值得學習。

既然我們已經談到欲望的問題，和你說說我曾經的欲望也無妨。我完全承認自己有很強的欲望，如果它算是一個人的弱點，這就是我的弱點。但是，我對自己這個弱點絲毫不以為恥，反而還會以此為榮。在我看來，自己有幸可以成就一番事業，原因就是擁有這個強烈的心理在指導自己行事。

我剛進入社會的時候，極度渴求人們的讚美和喜愛，期待將來擁有很高的社會名望。雖然在這種欲望的驅使下，我犯過很多錯誤，但也是在它的引導下，我做出許多應該做的正確事情，例如：有時候，我很討厭一些人的作風，根本不願意與他們交往，可是為了得到他們的讚美，滿足自己的欲望，

我會暗示自己彬彬有禮；為了滿足別人都對我產生好感的欲望，我會在任何場合，總是讓自己的穿著打扮和言行舉止都表現到最好；為了讓男士仰慕和讚美我，我總是博覽群書，然後在他們面前展示出來，讓自己顯得出類拔萃，至少不要遜色於傑出人士；為了得到女士的青睞和喜愛，我極力學習她們喜歡的禮節，學習一些無傷大雅的恭維之詞，甚至對她們獻殷勤，表達愛慕之情。此外，再向你透露一個小秘密：因為欲望，我曾經費盡心機地追求一個女孩，遇到再大的困難也在所不惜，只是希望得到她的愛意。

可以這樣說，正是欲望激發我無限的潛能，促使我成為一個出類拔萃的人，讓我很快就躋身時尚人士之列，而一個人如果如此，他所做的一切都是正確的。當我發現自己躋身時尚人士之列，並且獲得良好聲望的時候，幾乎欣喜若狂。我頻繁地參加各種上流社交圈的聚會，與其他人一起享受歡樂，使我結識一些上流社會的貴婦，並且得到她們的好感。暫且不論她們的好感是發自內心還是故作姿態，但是它確實為我帶來許多好處。為了取悅所有人，我就像普羅透斯一樣，根據不同的交往對象改變自己：應該嚴肅的時候，我表現得最正經；應該享樂的時候，我表現得最享受。與別人交往的時候，我絕對不會疏忽最基本的社交禮儀，經常讓他們覺得我很友善，因此很快就與當地一些有影響力的大人物和時尚人士開始往來。

或許哲學家們會認為我的這種心理是一種卑劣的品性，但是我不這樣認為，因為它確實讓我獲得很大的成就，而且沒有傷害別人的利益，反而讓他們尊重我。我希望你也有這種強烈的欲望，可是你的表現讓我很擔心。你總是表現出一副無精打采的懶散模樣，對於贏得人們的好感不甚在意。這種狀況不應該出現在你們這些年輕人的身上，只有像我們這樣的老人才允許出現這種狀況。有一句不失真理的老話：「做事應該全力以赴。」說的就是這個道理。我敢肯定，你會在巴黎遇到很多這種竭盡全力的人，你一定要隨時關注他們的言行舉止，以提升自己的程度。

我向你推薦欲望這種品性，希望你可以正確認識它，並且付諸實現，而

且我向你保證，最終你會受益匪淺。

再見！

1752年11月16日

於巴斯

第76封信：正確面對失敗

　　我所說的把失敗當作一種動力，不是要你每天都喋喋不休，或是積極參加每場辯論。相反的，我要求你在往後的幾個月之內，不要針對某個公眾話題發表任何看法。但是，千萬不要因此而疏忽公眾事務，而是要積極關注，厚積薄發。

　　親愛的孩子：

　　祝賀你的第一次公開演講獲得成功，我收到很多朋友寄來的祝賀詞。此外，我還聽說你在為這次演講做準備的過程中遇到一些困難，後來順利地克服，最後漂亮地完成。對你所遇到的困難，我不感到意外，甚至我認為這是情理之中的事情。我也經歷過類似的事情，到現在我依然記得自己當時的挫折感。對一個人來說，每當遇到失敗，通常都需要付出很多努力才可以忘記。你是不是已經忘記心中的挫折感，我還不能確定，但是無論如何，你現在要考慮的事情，就是無視內心深處的感覺，堅強地面對這一切。只有這樣，才可以對生活中的起伏泰然處之，最佳的鍛鍊方式就是讓自己變得忙碌，以至於沒有時間考慮這些。

　　孩子，在人們的一生中，失敗與快樂是並存的，你必須堅強起來，勇敢而冷靜地面對現實。千萬不要把失敗當作一種恥辱，這不是一個聰明人的做法。也不要把它當作一種阻力，而是應該當作一種動力，這樣一來，才可以積極尋找失敗的原因，堅持不懈，最終獲得成功。我所說的把失敗當作一種動力，不是要你每天都喋喋不休，或是積極參加每場辯論。相反的，我要求你在往後的幾個月之內，不要針對某個公眾話題發表任何看法。但是，千萬

不要因此而疏忽公眾事務，而是要積極關注，厚積薄發。

有一點你應該銘記在心：只有甘願承認失敗，並且不願意再去嘗試，才是真正的失敗。所以，在自己的希望落空的時候，只要把它當作暫時的退卻或是生活的考驗，而不是毫無道理的徹底失敗，就永遠不會被失敗擊倒！

有一件事情我應該向你道歉，那就是：我從來沒有向你說明心理上要隨時有應付「萬一」的準備，這是我的疏忽。孩子，我現在鄭重地告訴你：在人生的重要階段，不要把任何事情的成功想像成是順理成章的。無論何時，都要為事情的第一、第二、第三，甚至最後階段的失敗做好準備，隨時為失敗以後擬定新的替代計畫做好準備。人生總是迂迴而曲折，這是你不得不面對的現實。在你以後的成長中，還會遭遇到更多的困難與挫折。在人生的轉振點上，關鍵是看自己如何去看待，如何去應對。總之，進退全在你自己。

孩子，請接受我的建議，鼓起勇氣繼續前進吧！就像我剛才所說的，勇敢地面對失敗，把它當作一種考驗和挑戰，或是乾脆為這次失敗找藉口，視它為時運不濟也未嘗不可。

我已經告訴你很多次，想要在發表公開演講的時候俘獲聽眾的心，需要掌握一定的演講技巧。對於你這次的公開演講，有兩位資深議員，一方面向我表示祝賀，誇獎你的演講很精彩；另一方面，也表示其中還存在一些瑕疵，沒有清楚地表達自己想要表達的意思。所以，我希望你以後還要認真學習，盡快掌握演講的技巧。

再見！

1754年11月27日

於巴斯

第77封信：對愛情的思考

　　明智的人把愛情定義為理智和堅毅的精神事物，我認為真正的愛情也應該是這樣。理智的愛情應該受到雙方的珍視，並且持之以恆，忠貞不渝。此外，還要發揮個人內在的精神力量，以防止盲目與悔恨。

　　親愛的孩子：

　　真心地恭喜你，你已經開始戀愛了。戀愛是人生最關鍵的時刻，雖然你可能有意無意地對我們隱瞞，但是你的行為已經向我們暗示你墜入情網。因為你開始用心地打扮自己而追求完美，你就像聖誕老人一樣快樂。你的熱情可以把身邊的每個人都燃燒。也許你沒有感覺到這些巨大的變化，但是我們都看在眼裡，並且真心地為你高興。不要覺得不好意思，我親愛的孩子，這樣的歷程是每個人都要經歷的。

　　在人類的所有情感裡，愛情是最偉大、最真摯、最崇高的情感，它存在於世界的每個角落，可以治癒人們心靈最深處的創傷。有愛情的地方，才會有溫暖和希望以及理解和寬容。一個人什麼都可以缺少，唯獨不能缺少愛情。如果一個人缺少愛情，他的生命就是不完美的。

　　我親愛的兒子，雖然你現在處於熱戀之中，但是不知道你有沒有對愛情進行深入思考，是否真的理解愛情的真諦。有一個故事，你應該曾經聽過。

　　從前，有一個想要尋找完美戀人的英俊少年，可是三十年過去了，他從青年到中年，又從中年到老年，依然沒有如願以償。

　　有人問他：「這麼多年，難道你沒有遇到一個讓自己覺得滿意或是適合的人嗎？」

他表現出茫然失落的模樣，然後說：「有，我曾經找到一個完美的人。」

「你們為什麼沒有結合？」

「因為我不是她要尋找的那個完美無缺的男人。」他悲痛地說。

每個人都嚮往美好的愛情，都希望自己的戀人是世界上最完美的那個人。在這個世界上，真的有完美無缺的人嗎？愛情是美好、誠實、堅貞的，但是愛情也應該是理智、慎重、機警、嚴肅的。只有這樣的愛情，才有真幸福可言，才可以真正帶來幸福和歡樂。

明智的人把愛情定義為理智和堅毅的精神事物，我認為真正的愛情也應該是這樣。理智的愛情應該受到雙方的珍視，並且持之以恆，忠貞不渝。此外，還要發揮個人內在的精神力量，以防止盲目與悔恨。

愛情需要澆灌和滋潤，需要雙方相互付出。男女雙方都不要吝惜情感，往往情感付出得越多，收回來的也會越多。真正的愛情不僅是相互喜愛，還可以相互洞察對方的內心世界。

從古到今，許多愛情故事告訴我們，相愛的人只有多想對方少想自己，他們的愛情才會天長地久。真正的愛情永遠不會死亡，一些戀人在結婚之後愛情也隨之破裂的原因，往往在於他們忽略對方的情感，沒有用自己的心去關懷與體會對方的情感需要。

孩子，你要記住，相愛的人是幸福的，可以找到你所愛的人是幸運的。你要永遠珍惜自己的那份愛情和那個愛人，要對愛負責。

再見！

第78封信：瞭解禍福相依的道理

聰明人都瞭解禍福相依的道理，在他們看來，任何事情都存在好壞兩個方面，所以這些聰明人在不幸降臨到自己身上的時候，很少產生悲觀情緒。

親愛的孩子：

根據我多年以來嚴格考察得出的結論，我要告訴你，聰明人都瞭解禍福相依的道理，在他們看來，任何事情都存在好壞兩個方面，所以這些聰明人在不幸降臨到自己身上的時候，很少產生悲觀情緒。我希望你也可以仿效這些聰明人，盡力發掘自己面臨的不幸的閃光點，而不是像平常人那樣去展示它醜陋的一面。你應該感謝上帝，你現在承受的失望，並不是無藥可解的災難。如果你做不到，我們就把問題簡化，看看問題到底是如何發展的。

我知道，你希望下個月可以回英國，與那些很想見到你的人見面。但是由於天氣的緣故，我不打算讓你如願以償。我希望今年你可以在漢堡度過夏天，然後回英國過冬。很顯然，這樣的安排與你的期望正好相反，可是說一句公道話，這樣對你難道不是更好嗎？漢堡地處北方，夏天氣候涼爽，在那裡度過夏天，絕對比在那裡過冬更舒服，對你的身心不是更有利嗎？英國的氣候正好跟漢堡相反，冬天很溫暖，回來過冬最適合。你要知道，夏天的時候，英國就像一座空城，這個時候回來可以做什麼？雖然我無法讓你如願以償，但是看完以上的話，你不應該覺得這是你的不幸。相反的，你會獲得意想不到的結果。

總之，我這樣安排都是為你好。你的損失只是延遲和那些很想見到你的人的見面時間，但是可以舒服地度過夏天和冬天，讓身心得到最大的調整。

千萬不要以為我這樣解釋只是要安慰你，就像一個麻木不仁的老人在安慰一個對快樂和痛苦非常敏感的年輕人。不，這絕對不只是安慰，這是一種理性的哲學，是我對自己的人生經驗和閱歷的總結，是我一直奉行的理論。

我總是要求自己做到精益求精，絕對不會因為急躁而把事情搞砸。正因為如此，許多精彩的戲劇總是在我的人生舞台上演。和大多數人相比，我獲得更多的人生快樂，經歷比較少的痛苦。

你也許會說：「江山易改，本性難移。」如果一個人的個性悲觀而敏感，他在看待問題的時候，總會不由自主地步入消極的一面。他知道這樣行事非常不好，但是卻無法控制，也很難改變。確實，這些話有一定的道理，但是換一個角度想，雖然我們無法徹底改變自己的本性，卻可以透過反思和哲理來彌補自己的缺陷。現在，我們的社會已經融入某些生活的哲理，例如：不幸也會降臨到那些最幸運的人身上。正所謂「禍福相依」，就是這個道理。

最後請記住，對一切泰然處之，對那些意料之外的事情，好的不能得意忘形，壞的不能悲觀消沉。

再見！

1759年4月27日

於倫敦

第79封信：不要在生病的時候獨處

一個身體健康的人也無法忍受孤獨，病人就會更覺得孤獨可怕。你可以邀請牧師來家裡陪你聊天，我相信他們都是樂於助人的，而且你也可以從他們的言語中得到安慰。

親愛的孩子：

你寫給我的信，我已經收到了。看完你的信，確實讓我忐忑不安，但是我又不能親自照顧你，所以我只能安慰自己，希望你只是和其他患者一樣，自己認為病症有些嚴重。

腿部浮腫症不是突如其來發作的，我覺得可能是你一直以來都患有的痛風或風濕引起的暫時現象，應該過幾天就可以消腫。

我記得大約在40年以前，有一次我發高燒，結果腿腫得非常嚴重，就和你在信中描述的差不多。當時，我以為罹患腿部浮腫症，可是在看過醫生以後，才知道這只是發燒引起的，而且退燒以後很快就消腫。所以，我也希望你找一個好醫生仔細檢查，並且把醫生的檢查結果請你的秘書寫信告訴我，以便讓我放心。

你現在正在患病期間，不宜參加社交活動，我希望你把自己的病情告訴你的朋友，讓他們來看望你，陪你聊天解悶。一個身體健康的人也無法忍受孤獨，病人就會更覺得孤獨可怕。一個病人如果感到孤獨，就喜歡胡思亂想，然後把病情放大。其實，實際情況並不是所想的那麼糟糕。你可以邀請牧師來家裡陪你聊天，我相信他們都是樂於助人的，而且你也可以從他們的言語中得到安慰。

衷心祝福你早日康復！

再見！

1768年10月17日

於巴斯

第80封信：勤勞無可替代

時間、興趣、意志，加上不屈不撓的精神，才可以成功。用古人一句言簡意賅的話來說，就是「勤勞無可替代」。所以，如果你渴望成功，就必須在往後的幾年裡，設法讓自己對工作的興趣比對玩樂的興致更大。有時候，拼命工作是獲得成功的必要條件。

親愛的孩子：

昨天晚餐的時候，我們舉行一場很小的討論會，探討的話題是社交界為什麼會有成功和不成功的人。你和弟弟都很激動，我很有興趣地傾聽你們的各種想法。你們在討論中提到在社交界成功的許多因素，包括：教育是否正規、態度是否積極、是否具有個人魅力……但是在我的印象中，你們不約而同地忽略「勤勉」這個因素。

你們雖然承認勤勉是成功的重要因素，但是我很懷疑你們是否對這個重要因素認真思考過。如果我站在你們的立場上，一定會堅持認為，勤勉在成功的許多因素中是最重要的。就像你們所說的，很多人由於缺少天資與素養，即使一生都在努力工作，在社交界仍然無法獲得成功。相反的，有些人雖然缺少在社交界成功的幾項或多項條件，但是最終卻站在成功者之列。我敢肯定，那些在開創事業的初期階段就不用功努力的人，永遠不會成功。

你是否記得（我並非有意要說），你在大學一年級的時候，成績很不理想。因為新生活、朋友宴會、與異性交往等學習以外的事情，讓你分心。毫無疑問，這樣的日子是快樂的。作為一個普通人，而且是大學一年級的學生，犯下這種錯誤是普遍現象。幸運的是，你在大學二年級的時候，意識到

時間的重要性，並且及時努力用功。

在社交生活裡，你必須謹慎地度量自己對各種工作有多少興趣。在大學時代，如果你對功課沒有興趣，就不會想要去努力學習。這樣一來，你的成長就會慢下來。

只要與那些對自己的工作不滿或是感覺無聊的人比較，你的疲倦感就會減少很多。在現實生活中，有很多人每個星期工作70個小時或是更多，但是你完全看不出他們的疲倦感。從事自己喜歡的工作，因為很快樂的緣故，就會達到渾然忘我的境界。甚至有人開玩笑說，拿薪水會讓別人取笑。

很多人說，只要不工作，做什麼都可以——玩牌、喝酒，或是呆坐著打發時間。話雖然這麼說，多數人還是有比事業更重要的人生目標，我對這一點不表示反對。但是話說回來，如果你渴望成功，就必須在往後的幾年裡，設法讓自己對工作的興趣比對玩樂的興致更大。有時候，拼命工作是獲得成功的必要條件。

時間、興趣、意志，加上不屈不撓的精神，才可以成功。用古人一句言簡意賅的話來說，就是「勤勞無可替代」。國家的最大資源是國民，一個繁榮國家的職業道德程度非常高，每個人都要盡自己的能力做事，讓人們擁有強烈的信念與執行力，才是立國之本。

對一個人來說，勤勞也是獲得成功不可缺少的要素。奮鬥至能力極限的意志和希望與決心，是一個人必須具備的成功條件。

人類本身就像元素，是上帝創造的一部分。人類透過勞動可以達成自己的某些目標，受人尊敬，而且可以回味擁有自尊心的快感。

我完全無法尊敬那些擁有向上的能力卻不努力的人，也無法尊敬那些從上帝那裡獲得有益社會的能力卻只從社會取得好處的人，這些人都是社會的寄生蟲。最令人痛心的是：他們甚至不覺得自己正在從事欺騙別人的工作。我認為，只願意做很少的工作，只顧自己成長的人，根本無法獲得成功。他們這輩子除了空虛感，什麼也得不到。我想，應該沒有人是為了增加空虛感

而出生在這個世界上吧！

　　孩子，你的祖母曾經每個星期工作80個小時，她經常說：「如果不努力，就無法獲得好處。」下次你再和弟弟爭論成功的基本條件，我期待你們可以真正理解祖母的這句話，並且把勤勉放在你們列出的所有條件中最重要的位置上。

　　再見！

海鴿文化出版圖書有限公司
Seadove Publishing Company Ltd.

作者	切斯特菲爾 伯爵
譯者	望海
美術構成	騾賴耙工作室
封面設計	斐類設計工作室
發行人	羅清維
企畫執行	張緯倫、林義傑
責任行政	陳淑貞

出版	海鴿文化出版圖書有限公司
出版登記	行政院新聞局局版北市業字第780號
發行部	台北市信義區林口街54-4號1樓
電話	02-27273008
傳真	02-27270603
e - mail	seadove.book@msa.hinet.net

總經銷	創智文化有限公司
住址	新北市土城區忠承路89號6樓
電話	02-22683489
傳真	02-22696560
網址	www.booknews.com.tw

香港總經銷	和平圖書有限公司
住址	香港柴灣嘉業街12號百樂門大廈17樓
電話	（852）2804-6687
傳真	（852）2804-6409

出版日期	2017年12月01日　一版一刷
	2023年01月01日　一版十五刷
特價	250元
郵政劃撥	18989626　戶名：海鴿文化出版圖書有限公司

國家圖書館出版品預行編目資料

英國上流人士都在讀的／切斯特菲爾作. --
一版，-- 臺北市 ： 海鴿文化，2017.11
面 ； 公分. -- （成功講座；329）
ISBN 978-986-392-104-2（平裝）

1. 家訓 2. 生活指導

193 　　　　　　　　　　　　　106018177

成功講座 329

英國上流人士
都在讀的 Lord Chesterfield